Mariella Plumeri Caterini

IL BREVE TEMPO DELL'ASINO

Storia di un'adolescente

ROMANZO

Prima edizione Tagete 2011
Seconda edizione Create Space 2015

Impaginazione e grafica di copertina: Silvia Magli
silviamagli8@gmail.com

ISBN: 9788894036251

PREFAZIONE

"Il breve tempo dell'asino" è una storia incentrata sulla vita di un'adolescente, che non conosce la spensieratezza e la gioia di vivere di tante sue coetanee; è nata da una ragazza madre quindicenne e questo condizionerà la sua vita.

È molto bella e questo attrae irrimediabilmente tutti i "maschi" giovani ed adulti, ma Valentina sente la sua bellezza lesiva della sua crescita interiore, lei cerca se stessa ma nessuno l'aiuta.

La nonna, con la quale aveva vissuto fin da piccola, muore e la madre, troppo giovane ed egoista, non s'interessa di lei. Così Valentina arriverà a non accettare la bellezza, che le impedisce di seguire serenamente il percorso per giungere alla conoscenza di sé.

Questo è un personaggio complesso, nuovo perché, nella nostra società, siamo abituati a personaggi che soffrono per la "bruttezza", perché la bellezza la si propone sfacciatamente come valore che deve essere accettato da tutti e ricompensata.

Valentina perciò è un personaggio nuovo, interessante che invita a leggerlo e, quindi, a conoscerlo meglio.

Anna Pavoletti Rossi

PRIMA PARTE

UN'AMICA FIDATA

La donna le si sedette accanto sulla panchina del lungomare. Valentina la stava aspettando. Proprio là, a quella fermata d'autobus, a quella panchina. La conosceva per averla incontrata in precedenti occasioni di difficoltà. L'aveva notata, le prime volte, quasi di sfuggita, poi i loro sguardi s'erano incrociati e s'erano scambiate un accenno di sorriso. Finché un giorno s'erano anche parlate.

Dafne, così si era presentata. Per quel suo aspetto insignificante, anonimo, sarebbe passata inosservata ai più. Valentina invece possedeva quella certa percezione o intuizione che si affina con la solitudine, non quella fisica, ma quella più intima e profonda dell'anima. Era stato istintivo sentirsene attratta. Quasi un riconoscerla. E desiderarla vicina. Anche se, in seguito, in alcune diverse occasioni, l'avrebbe perfino detestata, fino a pensare di dover difendersi da lei. Salvo poi pentirsi di aver voluto escluderla, allontanarla come fosse stata una minaccia. La sua amica, l'unica che, nei giorni peggiori, le sarebbe stata di conforto. Dafne, invece, avrebbe preferito non essere così spesso evocata, proprio per l'affetto che nutriva per Valentina. Infatti, se la ragazza la cercava, era segno che stava vivendo momenti di sofferenza.

La donna aveva uno sguardo intenso che sapeva penetrare nel segreto più intimo e recondito. Valentina, adesso che stavano sedute così vicine, sulla panchina del lungomare di Messina, evitò di fissarla negli occhi per uno strano senso di pudore. Allo stesso tempo, come le era accaduto in passato, fu fortemente attratta da quello sguardo così penetrante. Quasi calamitata. Riconosceva nell'altra il potere di placarla e consolarla. Inoltre, non dubitava che la donna avrebbe rispettato le sue decisioni, anche se caparbiamente determinata a farla riflettere, senza, tuttavia, essere invadente. Dafne aveva, quindi, su di lei, un potere rassicurante, nonostante le incutesse un certo timore. Come accade per un mistero che avvince ma non si vuole approfondire. Adesso le stava così vicina da percepirne il ritmo del respiro in sincronia con il suo.

«*Il n.8... Non è l'autobus diretto al Lido di Mortelle?*».

«Sì, è quello che porta al Lido di Mortelle. Ti senti di accompagnarmi?».

«*Se sono qui...*».

«Sono contenta. Contavo di averti vicina».

Dafne sembrò, per qualche attimo, estraniarsi, seguendo un pensiero tutto suo che le corrugava la fronte. Perché mai Valentina s'era vestita come un ragazzo, come avesse voluto cancellare la propria femminilità?

Non glielo chiese e semplicemente commentò: «*Non è la stagione adatta per andare a Mortelle. E poi perché proprio Mortelle...*».

«Perché al Lido di Mortelle ho avuto momenti spensierati».

«*È novembre... minaccia il maestrale e il mare si sta già agitando*».

Un respiro profondo, quasi un sospiro, come le pesasse parlare, già convinta di non riuscire persuasiva.

«*Lo senti l'odore del salmastro? È più intenso per via delle onde che si frantumano contro gli scogli. Gli spruzzi d'acqua arrivano fin qua*».

Indicò lo Stretto di Messina alle loro spalle.

«Non mi preoccupa il maestrale, il rumore della risacca mi rilassa. Ho voglia di spiaggia, di sabbia. Di camminare, ancora una volta a piedi nudi, lungo la battigia».

«*La spiaggia sarà tutta bagnata*».

Fece una pausa. «*Ti ricordi quando arrivasti qua, la prima volta, sulla nave traghetto?*».

«Sì che ricordo. Fu una sorpresa trovare te, fra gli altri passeggeri, sul ponte...».

Certo era stato sorprendente riconoscere Dafne fra gli altri viaggiatori, proprio mentre lei, Valentina, appoggiata al parapetto, stava fissando quel mare dal colore blu intenso, profondo e invitante. Lo sguardo a seguire le evoluzioni di un piccolo pezzo di giornale strappato, appallottolato e gettato dal ponte. Vorticava senza scampo, trascinato dal risucchio delle onde, condannato a essere maciullato dalle eliche della nave che avanzava. Era stato un sollievo per Valentina scoprire che l'amica, anche lei, sarebbe sbarcata a Messina e vi si sarebbe fermata per qualche tempo. Non si sarebbe più sentita disperata e senza scampo adesso che l'aveva ritrovata e sapeva di poter contare su di lei, se ne avesse avuto bisogno.

«*Semplice coincidenza* – aveva spiegato Dafne – *Ho parenti e amici anche qui in Sicilia e alcune questioni importanti da risolvere. Ho prenotato una camera in albergo, per telefono, prima di partire*».

Valentina conosceva la reticenza dell'amica, i suoi silenzi e li rispettava. Non le interessava conoscere il nome dell'albergo o scoprire perché mai Dafne fosse sempre tanto sollecita e presente nei momenti difficili. Le bastava sapere di poter ritrovarla anche nella nuova città. Nemmeno si chiese perché mai Dafne non l'avesse informata in anticipo di quella partenza, in coincidenza con la sua.

Pochi giorni prima, a Ravenna, insieme, avevano pedalato sulla bici, per dieci chilometri, fino a Porto Corsini. Suppose che Dafne lo avesse deciso dopo che si erano salutate, in uno di quei suoi slanci di solidarietà, forse proprio per averla vista sconvolta alla vigilia di quella partenza indesiderata. L'importante, adesso, era averla accanto

«*Rammento che tu fosti colpita dal colore dell'acqua di un blu talmente intenso da sembrare inchiostro. Un colore diverso da quello dell'Adriatico. Lo fissavi come ipnotizzata. Pochi mesi dopo, scrivesti perfino una poesia, ispirandoti a questo mare, a questa città*».

Era come pensare ad alta voce, senza necessariamente aspettarsi una risposta.

«Ah, sì, ricordo. Mi meraviglia che lo ricordi anche tu... La scrissi con molta rabbia dentro. Non so dove sia finita...».

«*Peccato, mi piaceva molto. "...sei come un albero carico / di frutta troppo matura / per un viandante sazio...". Qualcosa di simile, riferito alla città*».

«Già. Momenti superati, anzi cancellati».

«*A volte, può essere utile rivisitare qualche episodio del passato. E, a maggior ragione, adesso dovresti*».

«Non aiuta voltarsi indietro».

«*A me piacerebbe conoscere quello che tu, se tornassi indietro, vorresti evitare, o quello che, invece, ti sei negata e ora rimpiangi*».

«Non saprei da che parte cominciare».

«*Una qualsiasi. Ci sarà sempre un nesso, un particolare che lega gli eventi. E abbiamo tempo...*».

MALDICENZE... E QUALCHE VERITÀ

Sara era bella, nessuno poteva negarlo. Valentina, sua figlia, se n'era resa conto fin dalla prima infanzia. Per gli sguardi degli uomini che, per strada, seguivano la madre, con quella luce di desiderio che balenava nei loro occhi. Ben diverso lo sguardo delle donne. Carico d'invidia, suggeriva maldicenze, anche di quelle che si fingevano amiche. Anzi, quest'ultime più invelenite delle altre.

"La sua disgrazia è di essere stata troppo carina e troppo precoce". Era la frase più benevola che Valentina, bambina, aveva ascoltato da qualche donna del vicinato, mentre si trovava in cortile a giocare con amichette coetanee. Forse gli adulti pensano che i bambini non abbiano orecchie, non sanno quanto sia acuta e sensibile ogni loro percezione. Purtroppo, quei commenti arrivavano anche alle altre bambine e si trasformavano in una certa reticenza e disagio nel giocare con lei. I piccoli, spesso, subiscono l'influenza negativa degli adulti e, inconsapevolmente, la trasformano in ostilità.

«Ve la ricordate, Sara, quanto civettava a quattordici anni? Tutti quei filarini che le stavano dietro...».

«Per forza, li provocava! Appena uscita di casa si dava il rossetto di nascosto alla madre e camminava sculettando. Sembrava... beh, insomma sembrava già predisposta... C'era il figlio dell'ortolano che le moriva dietro e lei si divertiva a stuzzicarlo, anzi a tormentarlo. Insomma le piaceva provocare».

«Infatti, s'è visto il risultato: a quindici anni già incinta. Nemmeno si sa di chi».

«Sedici anni e con una figlia di n.n.».

Nessuna faceva notare, o non ne era in grado, che, nel primo dopoguerra, quando ancora l'Italia si leccava le ferite, la voglia di rivalsa era tale da spingere una ragazzina quindicenne a seguire gli impulsi più primitivi per sentirsi viva. Conclusi gli anni d'angoscia, di paura e privazioni d'ogni genere, l'illusione di un ritrovato benessere provocava euforia e faceva perdere il senso della misura. In ogni caso, qualche responsabilità doveva pur essere attribuita anche a chi, bene o male, aveva approfittato della disponibilità o ingenuità di una quindicenne. Invece, quel "padre ignoto" non era mai messo sotto accusa. Allora, anno 1947, c'era poco riguardo per l'età minore di una ragazza. Poco di buono, chiacchierate, spesso emarginate, era la considerazione riservata in quei giorni alle ragazze madri. I figli venivano bollati sul certificato di nascita e, in seguito, sul documento d'identità. N.N. che si trasformava in marchio d'infamia e li condizionava fino all'età più matura.

Bombardamenti, lutti, fame, miseria, vendette, impiccagioni, rifugi improvvisati e malsani, pidocchi, soprusi, avevano tatuato segni indelebili nell'anima di Sara. Da capirla o compatirla, quindi, se s'era buttata a mordere la vita, per fame d'amore o di emozioni diverse o per cancellare memorie disastrate. Può essere che tanto accanimento malevolo, nel pettegolezzo di certe donne, fosse anch'esso una conseguenza delle tante violenze e privazioni subite e, soprattutto, dei silenzi obbligati.

«Una fortuna che gliel'abbia tirata su la madre, la bambina. Brava donna, la Nora, perfino religiosa... Altrimenti l'avrebbe fatta abortire».

«Adesso che Sara è maggiorenne, chissà quante altre ne combina».

«Ho sentito dire che s'è... fidanzata. Insomma ha un uomo. Talmente cotto che l'accetta con una figlia a carico».

«Bella non c'è che dire, è bella» azzardava qualcuna, subito zittita come se avesse bestemmiato.

Questi i punti salienti dei pettegolezzi. Svegliavano in Valentina bambina un sentimento protettivo, invece che critico, nei confronti di sua madre, ma era troppo piccola per reagire contro le malelingue.

Peggio fu quando, crescendo, cominciarono a riservare a lei stessa commenti del tipo: «Somiglia alla madre, non vi sembra? Per come si muove, per come cammina... Speriamo per lei che non le somigli del tutto. Soprattutto per quella poveretta della Nora che finirà per morire di crepacuore come il marito».

«La Nora non ha ancora cinquant'anni e sembra decrepita».

«È rimasta vedova poco dopo che era nata la nipote. Non si è più ripresa dalla morte del marito».

«Pover'uomo, con tutto quello che la figlia gli aveva fatto passare».

«È così... anche per la moglie, poveretta..!».

Valentina, verso gli undici, dodici anni, cominciò ad osservarsi allo specchio con maggior attenzione. Somigliava alla mamma? Le sarebbe piaciuto somigliarle.

S'era posta l'obiettivo dei quattordici anni come termine di paragone, un traguardo da raggiungere, per verificare se, anche lei, sarebbe stata in grado di attirare l'attenzione maschile, di far girare la testa a qualcuno, come dicevano di sua madre ancora adolescente. Lo specchio le restituiva un'immagine diversa. Sara bionda e lei bruna. Sara più alta e più magra. Valentina acerba ma nello stesso tempo più prorompente. Insomma, come si dice, a dodici anni, ancora quell'età indefinibile e ingrata che non prende forma, ma già fa intravedere come il tempo saprà modellarla.

La nonna l'aveva sorpresa a studiarsi davanti allo specchio.

«Attenta, se ci stai troppo, può spuntare il diavolo».

«E come fa a spuntare il diavolo?».

«Non so dirtelo, io non l'ho mai visto. Mia madre me lo ripeteva spesso ed io lo dico a te. Io, però, non avevo tempo di guardarmi allo specchio. Alla tua età lavoravo già nei campi, insieme ai miei genitori che erano mezzadri».

«Mezzadri?».
«Ma sì, dovevano dare la metà del raccolto ai padroni».
La nipote distratta da altri pensieri.
«Mi hanno detto che somiglio alla mamma... ti sembra che le somigli? Sono bella come lei alla mia età?».
«Hai la bellezza dell'asino, niente di più».
«Cosa vuol dire "la bellezza dell'asino"?».
«Quella dei cuccioli d'asino, tanto carini. Poi, quando crescono, sono soltanto asini e ragliano. E non dirai che sono belli!».

UN FASTIDIO INEVITABILE

All'arrivo del menarca, Valentina aveva pensato a un'anomalia, una qualche infezione o un'irritazione da scarsa igiene, chissà. Del resto, nelle case popolari dove abitavano, non esisteva un riscaldamento centralizzato e c'erano soltanto le stufe di terracotta o ghisa alimentate a legna o anche a carbone. Per lavarsi, si usava l'acqua del bollitore tenuto sopra il piano alto della stufa o si poneva un pentolone a scaldarsi sopra un fornello elettrico. L'acqua calda si versava dentro una tinozza e si stemperava con l'acqua fredda, così da renderla tiepida al punto giusto. Di conseguenza, lavarsi diventava complicato. Catinelle e spugnature. E si sa, i ragazzi sono come i gatti, amano poco l'acqua. È un segnale, o un allarme, per un genitore, quando un figlio comincia ad avere maggior cura del proprio corpo, con lavaggi, o docce frequenti e odore d'acqua di colonia o borotalco. Oggi come ieri.

Soltanto nei mesi successivi, quando le macchie rosso marrone s'erano tramutate in rosso vivo e in una vera e propria emorragia, aveva chiesto aiuto a Nora, la nonna.

«Vuol dire che sei diventata signorina, ora devi stare attenta a non dare confidenza ai ragazzi perché potresti restare incinta. Come successe a tua madre. E certe cose, non dimenticarlo mai, si fanno soltanto col marito».

Spiegazione sintetica e abbastanza sibillina. Le aveva insegnato l'uso di quei quadrati di stoffa ruvida, piegati in più strati per il lungo, da legarsi alla vita con una sorta di cintura elastica, o una semplice fettuccia di tela, fermando i capi estremi del panno, con una spilla di sicurezza. Col risultato di una goffaggine inaudita che evidenziava anche a occhi estranei quei giorni periodici di disagio.

«Quando ti cambi, non devi mai lasciare i panni in mostra, nemmeno metterli nella cesta, fra gli altri da lavare. Ricorda che in casa non siamo soltanto femmine. Ci sono Paolo e Massimiliano. Le "cose tue" devi lavarle tu, chiusa in bagno, ogni volta che ti cambi. Con sapone, acqua fredda e spazzola, altrimenti la macchia non va via. Sono cose intime, una donna deve tenerle per sé».

Nora aveva specificato quei dettagli, ma non le informazioni fondamentali. Per esempio in che modo e perché si possa restare incinta. Nemmeno come una ragazza debba comportarsi nel caso che un ragazzo le faccia il filo, soprattutto se il ragazzo le piace. La nonna non le aveva spiegato, e nemmeno lo fece Sara, che esiste una verginità fisica e una anche morale. Nemmeno le spiegarono come si partorisce.

Valentina a Sara: «La nonna ti ha detto che...».

«Sì, mi ha detto. Povera la mia bambina che diventa grande e comincia a capire quanti impicci tocchino alle donne».

Valentina si fece l'idea, anzi poté costatare, quanto fastidiosa fosse quella novità, ogni mese quel cilicio di tela ruvida fra le gambe e sulla pancia, irritante nello stare seduta a scuola per ore, spesso insufficiente, così da macchiare la gonna e dopo vergognarsi. Imparò a portare con sé un panno di ricambio nella cartella e un golf da legarsi alla vita quando si alzava da banco o usciva da scuola. Imbarazzo al massimo nel percorso a piedi verso casa, con passi impacciati e sguardo circospetto.

LA PRETESA DI SARA

Sara le chiedeva, quando uscivano insieme, di non chiamarla mamma, ma semplicemente per nome.
«Una specie di gioco a nascondino – le spiegava – Fingiamo di essere sorelle».
In Valentina, senza rendersene conto, per quella richiesta puerile, germogliava il seme della diffidenza. Se, nel passato, aveva avuto per sua madre una vera e propria venerazione, se ora ancora l'assecondava, non riusciva più, tanto spesso, a compassionarla. Nel senso latino di cum passio che era immedesimazione e passione. Una madre così giovane e bella può essere motivo di disagio per una figlia. Giovane in tutti i sensi, con la voglia di esserlo, soprattutto. Il retaggio di un'infanzia di guerra, fatta di privazioni e stenti e in seguito di errori, erano delle attenuanti non sempre accettate dalla figlia. Ora, a trent'anni, senza Nora a farle da custode, con un marito che, da un po' di tempo, la trascurava e quasi ignorava, le tornava la voglia di sentirsi giovane e desiderata. Soprattutto amata. Soltanto era più facile che gli uomini s'invaghissero di lei nei limiti di una semplice avventura passeggera. Di conseguenza, delusione e insieme esplosioni rabbiose che scaricava sulla figlia. A volte pianti e lacrime e confidenze che sarebbe stato meglio evitare a Valentina adolescente, altre volte, atteggiamenti opposti che somigliavano molto ad una gelosia o rivalità ancora inespressa ma che già

si lasciava intravedere. Aveva durezze eccessive senza motivo. E non teneva conto che, riversando le proprie frustrazioni sulla figlia, le causava del danno.

In seguito, si pentiva di certe debolezze o le negava dopo poco tempo. Su certi fatti mentiva grossolanamente e Valentina fingeva di crederle. Le aveva mentito fin da quando da piccola le aveva raccontato del suo vero padre, morto per un incidente in moto, prima della sua nascita. Per questo non si erano sposati. Per la verità, di quel padre, nessuna informazione reale, chi era o dove viveva e perché non le era rimasto accanto. Durante un litigio violento fra Sara e la nonna, aveva ascoltato parole feroci e qualcosa, nella foga di quelle discussioni, era sfuggito. Valentina aveva captato un accenno a quel ventenne di passaggio che s'era dileguato alla notizia della gravidanza di Sara. Niente si sapeva della famiglia di lui, anch'essa sconosciuta. Ne giravano altre, di storie, meno probabili.

Qualcosa di vero, quindi, c'era stato, nei pettegolezzi delle donne del vicinato, ascoltati dalla piccola Valentina, di una certa sprovveduta leggerezza nel comportamento della ragazzina Sara.

Valentina, durante quei litigi, cercava di non ascoltare, si tappava le orecchie con le mani, ma le voci arrivavano ugualmente.

«Mi hai mandato a lavorare in fabbrica appena finite le medie. Per lavorare ti sembravo adulta, per fare all'amore no».

«Io ho soltanto la scuola elementare ... e mi spezzavo la schiena nei campi. Però certe "voglie" non mi passavano per la testa».

Come a dire che, nonostante fosse andata ancora bambina ad aiutare i genitori nei lavori agricoli, non s'era sentita così adulta da pensare all'amore e nemmeno da restare incinta a quindici anni.

IL FIGLIO LEGITTIMO

Sara, nonostante i precedenti e le maldicenze che erano seguite, s'era sposata a ventidue anni, con un compagno di lavoro in fabbrica, quando Valentina aveva da poco compiuto i sei anni. Poco dopo, era nato Massimiliano, il vero... figlio legittimo. Il preferito di casa. Paolo, tuttavia, così si chiamava il marito di Sara, era stato generoso e aveva legittimato anche la bambina di padre ignoto e le aveva perfino suggerito di chiamarlo papà. Valentina non c'era riuscita, dal momento che la madre pretendeva di essere chiamata Sara.

Ci furono, allora, altre voci del vicinato, di quelle donne che invidiavano sua madre perché era bella e desiderata dagli uomini. Forse qualcuna la detestava per avere sorpreso qualche sguardo di troppo del proprio marito su di lei. Questo venne da pensare a Valentina che, in quelle occasioni, si convinceva di certe ragioni di pregiudizio.

«Bel matrimonio senza invitati, i testimoni e Nora con soltanto Valentina e in Municipio, davanti al vice sindaco».

«Un operaio dello zuccherificio dove lavora anche lei».

«È un capo reparto, un gradino sopra».

«Fosse almeno un comunista come noi...». Altro motivo di demerito.

«E già, l'hanno visto entrare alla sede dell'MSI. Una vergogna che sia permessa quella sezione di partito e ci siano tanti iscritti ex fascisti. In una città dove siamo quasi tutti comunisti. Poi ci vengono a raccontare che i partigiani li hanno eliminati tutti, i fascisti».

«Lui era appena un ragazzino... che colpa ne ha di quanto hanno fatto quelli!».

«Si sono sposati in Municipio per risparmiare, del resto, lei non poteva certo permettersi l'abito bianco, tante ne aveva fatte...».

Sei anni dopo, quelle "linguacce" erano ancora in movimento, una sorta di gazzettino malevolo, puntuale come un orologio.

«Li sentite quanto litigano? Lo sanno tutti che adesso stanno insieme per convenienza. Quando c'è solo sesso e niente amore, i matrimoni reggono poco. Dispiace per quel bambino di sei anni... nel caso dovessero separarsi».

«Dicono che lui sia poco convinto di dover far da padre alla ragazzina».

«Ma dai! Se le ha dato perfino il suo nome!!!».

«Non avete visto come la guarda? Non mi piace per niente. Speriamo che la Nora tenga gli occhi aperti».

Ma Nora purtroppo morì quando Valentina aveva da poco passato i dodici anni. Perfino in quel caso, le pettegole ebbero il coraggio di commentare che, dopo il nonno, anche la nonna se n'era andata per non dovere assistere a tutto quello squallore. Per la verità, la povera donna era morta di un tumore al seno che, trascurato, si era ramificato in metastasi. Male che non perdona e allora perdonava anche di meno. In quella drammatica circostanza, Valentina non s'era risparmiata nell'aiutare Sara per quanto le fosse possibile, in casa, fuori casa e nell'accudire il fratellino. A scapito della scuola. Del resto, tutto s'era concluso in un paio di mesi di ricovero ospedaliero continuato. Allora nemmeno si accennava alla terapia del dolore e morire di cancro era atroce, più di oggi. Il personale dell'ospedale, più che darsi pensiero per la malata, fece di tutto per alleggerire il peso dell'assistenza alla figlia, trattenendo la povera Nora in ospedale, fino alla fine. La bellezza aiuta anche in certi frangenti tragici e, per Sara, si sarebbero prodigati, perché di sesso maschile, anche i sassi.

Morta Nora, si moltiplicarono i litigi fra Sara e Paolo, volarono insulti e qualche schiaffo. Valentina, in quelle occasioni, usciva di casa e portava fuori con sé Massimiliano. Per non ascoltare e per risparmiare l'ascolto anche al piccolo. Dopo la morte della nonna, s'era chiusa in se stessa ed era diventata silenziosa più di quanto non lo fosse già stata in precedenza.

Poi, i due, Paolo e Sara, raggiunsero una sorta di tregua o accordo: camere separate, visto che quella di Nora era rimasta libera. E, anche, in un certo senso, vite separate, nel modo più riservato possibile, ignorandosi a vicenda. Più che per il bene dei figli, lo fecero per convenienza economica. Paolo contribuiva ben poco al sostentamento familiare, ma quel poco era pur sempre qualcosa in più in aggiunta alle entrate di Sara. La maggior parte della paga di Paolo, le solite malelingue riferivano che lo destinasse al partito. Infatti, la sua generosità fu talmente apprezzata, che, in seguito, fu eletto segretario del MSI nella sezione locale, carica che mantenne per alcuni anni.

LE VISITE DI ORNELLA

C'erano due amiche di famiglia, Ornella e Tiziana che, un paio di volte al mese, andavano a casa dei Manoli in visita. La loro madre era stata amica di Nora, fin dal tempo in cui i nonni lavoravano come mezzadri nella fattoria di un paese vicino. Le due sorelle portavano qualche prodotto agricolo, spesso in regalo, o venduto a un prezzo irrisorio. A volte si trattenevano a cena e si offrivano di cucinare loro. Valentina non aveva ben capito i reali rapporti con i suoi genitori, ora che la nonna non c'era più. Le due donne, entrambe nubili, più o meno trentenni, erano estremamente cordiali, molto loquaci e con la risata facile. Entrambe erano operaie nello zuccherificio di Russi, circa sedici chilometri da Ravenna, lo stesso in cui lavoravano Sara e Paolo. Erano solite presentarsi nel pomeriggio e, in quel caso, Paolo saltava il riposo pomeridiano a letto, senza contrariarsi.

In seguito, le visite furono quelle della sola Ornella. Anche se non si capiva quale fosse lo scopo, l'offerta dei prodotti dell'orto sembrava compensare qualche favore imprecisato. Vero che Paolo era segretario del MSI, ma certo la sua non era la posizione idonea a ottenere qualche sostegno o vantaggio. Fin troppo eccezionale la tolleranza della rossa cittadina romagnola per quel partito. Strano anche il fatto dei molti iscritti a quella sezione politica, quasi tanti come quelli del PCI. Fra le due fazioni, una sorta di mutua sopportazione, nessuna violenza. Fingevano d'ignorarsi. Al massimo, incontrandosi, si guardavano in cagnesco. Uno straordinario periodo di buonsenso o tregua, dopo tanto sangue versato e, ancor più, quello scorso per rivalsa o rancori personali, camuffati da motivi politici. In ogni caso, non si sa in ragione di che, Paolo era, in un certo qual modo, rispettato da entrambe le parti, forse temuto, chi lo sa. Non aveva fatto la guerra, il fascismo lo aveva a malapena sfiorato. Ma, fin da bambino, la memoria di suo padre morto, in una guerra che gli era sembrata legittima e condivisibile, lo aveva predisposto a certi condizionamenti e scelte. Suo padre era partito intriso di sacro fuoco e c'era anche morto sotto il fuoco nemico, lasciando un figlio piccolo e una moglie che lo avrebbe cresciuto da sola con sacrifici enormi. Ma questa è un'altra storia.

Delle amiche di famiglia, nella primavera dei quattordici anni di Valentina, tornò, quindi, soltanto Ornella. Può darsi che la qualifica di caporeparto allo zuccherificio potesse suggerire qualche vantaggio sul lavoro, qualcosa come una certa protezione o garanzia. Così Sara supponeva e anzi, a volte, aveva lanciato battute al marito, ironizzando sulla responsabilità e privilegio di quella posizione.

Valentina, in un primo momento, non ci fece molto caso, poi notò che quella donna si presentava poco dopo le sedici, specie nei giorni in cui sua madre ritardava per aver perso il treno o per essersi trattenuta in fabbrica a fare del lavoro straordinario. Sara, in quest'ultimo caso, non rifiutava mai qualche entrata in più che era quasi sempre destinata a riempire qualche falla economica. A volte, per quel motivo, rincasava all'ora di cena. In certe altre circostanze, il lavoro straordinario poteva anche essere un alibi, a giustificare certi suoi ritardi per ragioni diverse. Forse Ornella, prima di uscire dalla fabbrica, s'era già informata degli impegni di Sara o Sara con lei si confidava e si fidava, considerandola un'amica.

In genere, Massimiliano e Valentina, dopo il solito pasto veloce, preferivano uscire di casa, per trasferirsi in quella dei rispettivi amici, o anche, nella stagione più tiepida, gironzolavano per la città, dal momento che nessuno li avrebbe controllati.

Un pomeriggio, mentre Valentina stava chiacchierando con l'amica Loretta, sedute sugli scalini davanti al portone del palazzo, videro arrivare Ornella sul motorino. Sempre il solito Mosquito, mezzo che andava allora per la maggiore.

«Il tuo babbo è in casa?».

Alla conferma, in genere, si avviava per le scale che salivano al quinto piano. Si sarebbe trattenuta a lungo, almeno due ore, per andarsene prima dell'orario del secondo treno, sul quale stava Sara.

In una di quelle occasioni, propose a Valentina: «Vuoi provare il motorino?».

«Non so se lo so usare. Non ho mai guidato un motorino».

«È facile, guarda, ti spiego».

Velocemente, fin troppo, le spiegò come partire, ma non come togliere gas e altri fondamentali dettagli, forse apparentemente minimi, ma indispensabili.

«Per quanto tempo posso usarlo?».

«Un'ora, un'ora e mezzo... Appena torni, suona il campanello e io scendo. Meglio non dirlo a tua madre, che ti ho prestato il motorino, potrebbe arrabbiarsi».

«Vieni con me, vero, Loretta?».

L'amica non si fece pregare, il tempo di avvertire soltanto la sorella perché anche sua madre non era in casa. Se ci fosse stata, non avrebbe dato il permesso alla figlia sedicenne, di lasciarsi portare, seduta sul portapacchi di un Mosquito, da una ragazzina più piccola di lei e, oltretutto, anche inesperta. E per altre ragioni, ignote a Valentina, che sarebbero emerse seguito.

L'avvio con il ciclomotore fu abbastanza facile, solo qualche barcollamento. Loretta seduta di traverso sul portapacchi. Valentina, con uno di quei suoi impulsi azzardati, forse un po' folli, decise di proseguire la strada fino al mare. In un'ora e mezzo, c'era il tempo di andare e tornare. Nemmeno un attimo a chiedersi se la miscela sarebbe stata sufficiente. Che ne sapeva lei di motorino e carburante necessario?

Dalla città alla località marina, dieci chilometri, strada asfaltata, nemmeno troppe curve. Velocità ridotta in un primo momento, poi al massimo: è facile farsi prendere la mano, specie nell'età incosciente. Allora non era obbligatorio il casco, nemmeno un'assicurazione.

Arrivò fino a Porto Corsini. Aveva pensato di raggiungere e trattenersi per qualche minuto a Marina di Ravenna e, dopo, per tornare in città, riprendere la stessa strada in senso inverso. Ma, nel frattempo, si era resa conto di non saper rallentare né fermarsi e, quindi, che non sarebbe riuscita a fare l'inversione. Ornella aveva omesso certe indicazioni indispensabili. Nella ragazzina, era anche subentrata una certa agitazione per il tempo che scorreva e l'orario da rispettare. Per non voler confessare all'amica la propria incapacità, decise di proseguire, senza fermarsi, percorrendo un tragitto che rientrava in città, attraverso una successiva località di mare, Punta Marina. Località semideserta perché la stagione balneare era ancora lontana e, oltretutto, spiaggia poco frequentata anche in estate. La strada, dieci chilometri di percorso, rientrava verso la città con un tragitto a U. Attraverso un ponticello sopra un fossato, si raggiungeva la periferia di Ravenna, nei pressi delle case popolari, proprio là dove le due ragazze abitavano. Non tenne conto, Valentina, né del fondo stradale sterrato da percorrere, né che quella località fosse, in quella stagione, così isolata, anzi deserta.

«Perché passi di qua?» chiese Loretta

«Ripetere la stessa strada dell'andata è noioso. Così è più divertente».

Non fu divertente, invece, trovare un mucchio di sabbia portata dal vento, raccolta al centro della strada, finirci dentro senza sapere rallentare né frenare, sbandare e cadere a terra malamente. Un volo oltre il manubrio, una sull'altra. Nessun danno estremo, grazie alla sabbia, ma contusioni varie, ginocchia sbucciate e sanguinanti. E le calze velate di Loretta, appena conquistate, irrimediabilmente strappate.

«Ho rovinato le calze».

Fu la prima esclamazione disperata di Loretta, in lacrime. Potrebbe sembrare stupido piangere per un paio di calze, ma per Loretta rappresentava un dramma, considerando quante suppliche e lavoretti familiari le erano costate.

A volte il caso aiuta gl'incoscienti. Si fermò un'auto. L'uomo che ne scese era, o si dichiarò, il medico condotto che tornava da una visita domiciliare in un casolare sperduto. Aveva con sé una valigetta di pronto soccorso. Disinfettò loro le ginocchia e le braccia sanguinanti, utilizzò qualche benda e cerotto. Tentò di raddrizzare il manubrio del Mosquito, senza troppo successo, e fece notare che il serbatoio della miscela era ammaccato.

«Ma per che diavolo siete passate di qua? E come mai i genitori vi mandano in giro così, in zone isolate?».

«È la prima volta che guido un motorino, non sapevo fare l'inversione e nemmeno rallentare. Ho pensato di rimediare per di qua».

«Adesso ti consiglio di tornare indietro e fare la strada asfaltata. Su questa, non passa un'anima e, se vi succede qualcosa, nessuno vi aiuta. È stato solo un colpo di fortuna avermi incrociato. Io adesso vi scorto fino a Porto Corsini».

E spiegò a Valentina, di nuovo e meglio, le giuste manovre per guidare il Mosquito.

Solo molto più tardi avrebbero riso divertite di quell'avventura. Specialmente dopo aver superato la prova genitore, nascondendo le varie escoriazioni e facendo sparire le calze ormai inservibili. Il motorino fu appoggiato al muro del palazzo, dalla parte dell'ammaccatura, nell'illusione che passasse inosservata. Erano trascorse ormai due ore, il treno di Sara stava per arrivare. Ornella scese di corsa e partì subito. Se notò il danno, non lo fece rilevare. Aveva fin troppo da nascondere.

LA MANO DI GIOVANNI

Nella calda estate dei suoi quattordici anni, la sera dopo cena, Valentina scendeva a cercare il fresco sotto casa. Il cortile, con pretesa di giardino per qualche aiuola sparuta di piante rinsecchite, s'affacciava sul viale che portava al mare. Già vi sostavano altri, coetanei o più grandi di qualche anno, inquilini di quei palazzi popolari del quartiere periferico. Ragazze e ragazzi che già filavano o flirtavano, o semplicemente si scambiavano sorrisi e sguardi d'intesa, fra una storiella e un pettegolezzo. Fine anni cinquanta, all'inizio dei sessanta. Italia della rinascita economica e delle rivendicazioni femminili. Qualche ragazza più spregiudicata indossava pantaloni aderenti, alla pescatora, che qualcosa toglievano alla femminilità, per come la s'intendeva allora, ma anche aggiungevano alla provocazione. Fascianti le gonne che Valentina cuciva per sé, in casa, con qualche scampolo comprato al mercato, a mano, ago e filo. Per la macchina per cucire si appoggiava a Mara che lavorava da sarta, vent'anni, sorella di Loretta. Gonne che sarebbero state disapprovate dalla madre – le definiva "gonne a culo" – perché mettevano in risalto soprattutto la parte posteriore e scoprivano il ginocchio. Valentina le indossava di nascosto o quando poteva sgattaiolare di casa inosservata. Non spesso, ma poteva capitare.

Sara usciva alle sette del mattino per recarsi al lavoro, mezz'ora di treno per raggiungere lo zuccherificio dove lavorava. Paolo, usciva e rincasava un'ora prima. Non si capisce perché mai avessero un orario diverso. A volte, la moglie, se al ritorno perdeva il treno, arrivava tre ore dopo di lui. In genere, nel pomeriggio, entrambi andavano a riposarsi, direttamente a letto e, avendo eliminata l'intimità fisica, ciascuno nel proprio. Per i figli, dunque, abbondavano gli spazi di totale libertà, privi di qualsiasi controllo. Valentina e Massimiliano, ciascuno a modo suo, ne approfittavano. Unico inconveniente o conseguenza, l'attenzione maligna delle "comari" maldicenti.

Era l'epoca di Brigitte Bardot, di Silvana Mangano, Gina Lollobrigida e Sofia Loren. La moda quindi voleva donne molto curvilinee e un po' spregiudicate sotto l'apparente innocenza. Prendendole ad esempio, la ragazzina si martoriava di notte, dormendo con una cintura stretta alla vita. Immaginava, in tal modo, di renderla più sottile di quanto non lo fosse già naturalmente. Negli ultimi due anni, aveva subito la metamorfosi dell'anatroccolo in cigno.

Quattordici anni, esile, ben fatta, dotata di attributi al punto giusto, se le mancava un grande concetto estetico di sé, la compensava una certa inconsapevole civetteria, o arte del sedurre, probabile risultato di un DNA ereditato.

Le rare volte che, la sera, per scendere in cortile, indossava una di quelle sue gonne artigianali, sembrava non rendersi conto di quanto le segnassero le forme e fossero provocanti agli occhi maschili. Capelli lunghi neri, frangia sulla fronte alla Brigitte Bardot, a volte legati dietro a "coda di cavallo", atteggiamento ingenuo e inconsapevolmente malizioso. Le ragazzine, come accade da sempre, si ponevano modelli, in una totale confusione e mescolanza. Come termine di misura e paragone, gli attori del momento, sfide a colpi di somiglianza.

Fra i ragazzi, che prendevano il fresco nel giardino comune dei vari palazzi, c'era Mario, più grande degli altri e, forse per questo, veniva stuzzicato dai più piccoli.

«Sei fidanzato, come mai non vai dalla tua fidanzata?».

«Ci vado soltanto il sabato. Mi basta e avanza».

«Come mai? Ti sei già stufato? Non ti piace più?».

«Mi piaceva. Ora di meno».

Tutti a ridacchiare, sia maschi che femmine. Conoscevano la ragione, ma si divertivano a fargliela ripetere.

«Si lava poco».

Risate. Per la verità, alcune zone periferiche della città scarseggiavano d'acqua e inoltre, nelle case, in inverno, ci si scaldava con le stufe a legna. Ma era estate.

«Come lo vedi che si lava poco, ha le ... croste?».

Erano i più piccoli a porre la domanda, memori delle proprie ginocchia e gomiti neri. Per non parlare delle orecchie.

«Non lo vedo, ma lo sento».

«Senti... con le orecchie?».

«Con il naso. Non ha le croste, ma puzza».

E qui era proprio una delle ragazze più sfrontate a chiedere: «Puzza di sudore e... dove puzza?».

«Fatela finita».

Ma nell'aria volavano parole non del tutto sussurrate, fra una risata e l'altra, come cipolla o aringa.

Mario cercava di cambiare discorso, ma tutti sapevano, compreso lui, che la sera dopo, sarebbero tornati sull'argomento.

Valentina, dopo le prime risate ormai scontate, provava commiserazione per quella fidanzata ignara, messa alla gogna da quel fidanzato, chissà quanto sincero. Sospettava che lui provasse gusto a suscitare quell'ilarità e colorisse le risposte. Forse s'inventava perfino di avere una fidanzata.

In una di quelle sere, seduti a scambiarsi battute, c'era stata la mano di Giovanni, un ragazzo poco più grande, che si era posata appena sopra il ginocchio di Valentina, una leggera stretta e pressione delle dita, come a comunicarle il desiderio inespresso fino a quel momento, o un invito all'intesa. Il gesto la fece sussultare, anzi la spaventò a morte per lo sconvolgimento che le aveva procurato: ciò che voleva esserle trasmesso era stato recepito più di quanto il ragazzo potesse immaginare.

La sua amica Loretta, in seguito, rincarò la dose: «Non ti sei accorta di Giovanni? Quello sfacciato... io gli avrei dato uno schiaffo».

«Gli ho scostato la mano e mi sono alzata: s'è appoggiato per caso, perché dovevo dargli uno schiaffo?».

«Sei davvero così stupida?».

Stupida, cretina, perfino deficiente... erano scambi frequenti fra i ragazzi del cortile e non volevano essere così offensivi come potevano sembrare, semmai un intercalare, a volte perfino affettuoso. Dipendeva dal tono con cui gli appellativi erano pronunciati.

Giovanni non era del loro quartiere ma, da molte sere, li raggiungeva sul proprio Mosquito. La prima volta, con la scusa di un amico inesistente, aveva chiesto di poter fermarsi per quattro chiacchiere. Forse perché aveva notato Valentina in una qualche occasione precedente e quella era stata una possibilità di avvicinarla? Solo che lei non si era sentita oggetto potenziale di tali attenzioni.

Nelle sere seguenti, Valentina evitò di scendere sotto casa, per timore che potesse essere interpretato un incoraggiamento o invito. Colpa della severità e rigore della nonna, attenzioni che, tardive per la figlia, aveva rivolto alla nipote.

Ci furono, così, alcune sere di solitudine, caldo e sudore, sul terrazzo di casa, quinto piano, seduta su una stuoia di paglia a terra, per evitare di essere vista dai ragazzi di sotto, riuniti sul bordo della strada. A parte il caldo, la posizione scomoda favoriva pensieri malinconici. La nonna le mancava. Le mancavano le attenzioni, una certa rude tenerezza e perfino i rimproveri. Perdere la nonna era stato un grande dolore. Valentina, ricordando, sorrideva fra sé di quel "diavolo nello specchio" minacciato dalla nonna. Capiva che era stato solo un espediente per preservarla da un eccesso di vanità o civetteria. Tuttavia, cosciente o no, le aveva insinuato il sospetto che essere carina o, peggio, addirittura bella, anzi la preoccupazione di poterlo essere, fosse una disgrazia o una condanna. Del resto per sua madre non era stata una specie di maledizione?

IL CONFRONTO

I modelli femminili cui aspirare erano le immagini sulle riviste che Sara, sua madre, o lei stessa di nascosto, acquistavano all'edicola sotto casa. Altro confronto era la stessa Sara. Gli uomini per strada si giravano a guardarla e, alle sue spalle, nonostante la figlia, allora bambina, le camminasse a fianco, fioccavano commenti coloriti. A volte Valentina li subiva come oltraggi personali e non si spiegava come la madre non mostrasse di offendersi, che anzi drizzasse le spalle, compiaciuta.

Si sarebbe sentita gratificata, la ragazzina, ora quattordicenne, da un'eventuale somiglianza con Sara? Gli occhi, lo sguardo?

Di recente, rincasando da scuola, aveva colto sussurri dietro di sé.

«Quanto sei bella!».

«Tutta tua madre. Bel culetto».

«Mai vista una vita così sottile, cosa fai, la metti in forma di notte?».

Ignorava, quell'uomo, quanto si fosse avvicinato alla verità, per quell'elastico reggilibri che Valentina s'agganciava intorno alla vita, di notte.

«Secondo te, mamma, a chi somiglio?».

«Forse a tuo padre».

«A te no?».

«Forse un po'. Hai fatto un misto».

«Di mio padre so così poco...».

«Morto in un incidente, investito da un'automobile. Insomma è morto prima di sapere che ero incinta».

Ogni volta modificava i fatti, li perfezionava.

«Era... un bel ragazzo?».

«Ti dirò... lo ricordo poco, sì, insomma, era un bel ragazzo».

«Tu sei bella... lui era bello... io come sono?».

«Non saprei dirti, sei mia figlia... io ti vedo carina, non so gli altri. Poi, alla tua età, non si può ancora dire, hai la "bellezza dell'asino"».

«Lo diceva anche la nonna. Ma quando finisce la bellezza dell'asino?».

«Verso i vent'anni, anche più in là. Allora si capisce se è bellezza vera».

«La tua è bellezza vera, allora. Se fosse vivo mio padre ti vedrebbe ancora bella».

«Ora tuo padre è Paolo, non dimenticarlo. Hai il suo cognome, se ti chiedono, sai come rispondere. L'altro è morto e quindi non esiste più. E non credere che la bellezza sia una specie di assicurazione sulla vita».

Bel padre, Paolo, pensava Valentina. Bel marito per Sara. Presente nella forma, ma inesistente nella sostanza. Del resto, quei due s'incontravano, o scontravano, come per caso. Se non per un qualche pasto, sempre arrangiato, della sera. Per pranzo, invece, Valentina, rincasando da scuola, predisponeva alla meglio. Era uno dei compiti che Sara le aveva affidato. Fermata obbligatoria al negozio di generi alimentari per portare via una busta già predisposta dal bottegaio. Spesso panini imbottiti con salumi. Alimentazione ben poco sana per una ragazzina adolescente e un bambino di sei, sette anni. I genitori, invece, pranzavano alla mensa aziendale, forse non proprio il massimo, ma certo meglio che il pasto dei figli.

Massimiliano, la maggior parte del suo tempo, tornando da scuola, lo trascorreva in cortile a giocare col suo gruppo di coetanei. La madre, quando era presente, gli dimostrava una grande predilezione e gli riservava quelle affettuosità mai avute con Valentina. Era il suo piccolo e non era stato frutto di un errore o del rapporto di una volta sola con un ragazzo appena conosciuto. Tuttavia, spesso, delegava a Valentina, il compito di seguire il fratello. Sara, infatti, tornando dal lavoro, crollava di stanchezza e andava a letto. Lo stesso il marito. Così che il bambino cercava il sostegno psicologico e anche pratico della sorella. Le era particolarmente legato, la considerava una specie di vicemadre e, per ogni necessità, le si rivolgeva. Non era il solo impegno, forse fardello, sulla spalle della ragazzina, il più pesante fu essere eletta da Sara a confidente. Conosceva tutti, o quasi, gli sfortunati innamoramenti della madre, perfino qualche drammatico episodio legato ad essi. L'essere resa complice, sarebbe stato considerato, da Valentina, in seguito, la colpa peggiore della madre nei suoi confronti. E non a torto. Sara responsabile di certi comportamenti della figlia, tipici di un ingiustificato senso di colpa che, per istinto di difesa o di sopravvivenza, può trasformarsi in diffidenza, ma anche in emulazione o involontario progetto di rivalsa.

IL GELATO DELLA SERA

«Andiamo a prendere un gelato?».
Loretta era salita fino al quinto piano dove si trovava l'appartamento di Valentina.
Lei non scendeva in cortile da alcune sere, dopo l'episodio della mano di Giovanni sul ginocchio.
Intervenne Sara: «Ma vai! Cosa ti succede, hai litigato col gatto ché non esci più con le tue amiche?».
Loretta le sussurrò: «Giovanni non c'è, sono due sere che non viene».
Bastò per farla decidere. Dopo una veloce rinfrescata a catinelle di acqua fredda, pochi colpi di spazzola ai capelli, indossò gonna e maglietta e in dieci minuti fu pronta. Non portava il reggiseno perché Sara sosteneva che, alla sua età, non ce n'era bisogno: il seno sta su da solo. La maglietta di cotone le aderiva e lo metteva in risalto.
La gelateria si trovava a cinquecento metri di distanza da casa e, le madri, se le ragazze uscivano insieme, accordavano il permesso. E poi era una sera d'estate. Gran caldo. Anche la volontà e l'attenzione si allentavano, quindi il gelato fu concesso per quella volta e per le successive. Loretta era maggiore di due anni, per Sara, un elemento di affidabilità. Inoltre, a torto o a ragione, giudicava Loretta esteticamente insignificante, quindi un deterrente, secondo la donna: se vai con una bruttina passi per brutta. Ma... poteva anche essere l'inverso, no?
Quella passeggiata della sera, gelato o no, divenne un piacevole sollievo alla calura, un assaggio di libertà. A volte si azzardarono a proseguire oltre, fino alla piazza dopo la gela-

teria, adiacente alla zona del Candiano, là dove, nello spiazzo, c'era anche la Chiesa parrocchiale. Centellinavano il gelato a passi lenti. Fuori della gelateria, un paio di tavoli e qualche raro avventore che vi si soffermava fra una chiacchiera e l'altra. Casualmente, una sera, vi sostavano alcuni ragazzi "grandi", nell'attesa di proseguire, dalla via Trieste, lungo il viale verso Marina di Ravenna. Là si trovavano un paio di locali da ballo: il Miramare, una normale balera e la Lanterna verde, un pretenzioso night.

Per la verità, quei due locali differivano poco fra loro, se non per la pavimentazione dell'uno in legno o, dell'altro, in mattonelle, le luci più o meno soffuse e il genere di clientela. La balera si trovava nella pineta adiacente al mare su una piattaforma, appunto di legno. Un ambiente che si potrebbe definire rustico-popolare, con frequentatori di tutte le età, giovani ma anche più maturi – quelli che i ragazzi chiamavano matusa –. A volte famiglie intere con ragazzini. Abbigliamento casual, magliette di cotone su gonna o pantaloni, a volte perfino zoccoli da mare ai piedi e pantaloni bermuda al ginocchio.

Il night... più ricercato, era sul lato opposto della strada, qualche centinaio di metri più in là. Aveva qualche pretesa di eleganza. Lampioncini colorati, diffondevano una luce soffusa che rendeva inverosimile il colorito dei ballerini. Qualche pianta ornamentale, tavolini e sedie in metallo, in tinta con l'ambiente, consumazione obbligatoria, orchestrina sul palco, abiti più curati con pretesa di eleganza. A volte, una semplice sciarpa di seta sulle spalle delle donne, una camicia stirata di fresco per gli uomini. I frequentatori erano giovani e meno, ma sempre nell'età media fra i venti e i quarant'anni. Questi ultimi, considerati allora un po' passati, rientravano ancora nella categoria dei "vitelloni" o "cacciatori di turiste, meglio se straniere". Non avevano il fucile, ma ugualmente segnavano tacche sopra una cintura virtuale ad ogni colpo che aveva centrato il bersaglio.

E le straniere, nell'estate della riviera romagnola, valchirie o vichinghe discese dal nord, giovani e meno, aspiravano all'avventura col maschio italiano, quasi una sorta di souvenir da portare con sé al ritorno, un caldo stuzzichevole ricordo estivo nelle serate invernali.

I ragazzi seduti al tavolo della gelateria in attesa di fare l'ora giusta per raggiungere la "Lanterna verde", erano una tipica rappresentanza dei vitelloni locali.
Valentina e Loretta avevano raggiunto a passo lento la piazza e stavano ritornando. Prolungavano il gusto del cono gelato, prima di rincasare. Una voce maschile alle loro spalle, provenne da un tavolo all'esterno della gelateria
«Bei capelli».
I capelli erano quelli di Valentina, neri e lunghi, lisci sulle spalle. Sotto la luce della luna avevano riflessi argentati. Non le sembrò un grande apprezzamento. Ben altro commento si sarebbe potuto fare dal momento che lei indossava la famosa gonna aderente e altrettanto aderente la maglietta senza reggiseno. Sbirciò l'autore dell'elogio. Biondo, ciuffo sulla fronte, occhi grandi azzurrissimi, sorriso sfrontato e irriverente. Forte somiglianza, pensò lei, con Burt Lancaster. Come già ho detto, si andava per somiglianze.
«Non voltarti. Non guardarlo».
Strana imposizione dell'amica,
«Non sai chi è quello?» le chiese Loretta.
«Come faccio a saperlo? Tu lo sai?».
«Sì che lo so. Sua madre fa le asole alle camicie e mia madre ogni tanto le dà qualche lavoretto. Lui è un elettricista. Lo chiamano Marpio. Si chiamerebbe Marco. Marpio come marpione. Gli piacciono le donne più grandi. D'estate colleziona turiste straniere o qualche villeggiante italiana, anche sposata. Mio padre, che è figlio di napoletani, lo definisce uno sciupafemmine. Speriamo non ti abbia messo gli occhi addosso».

Non le sembrava di correre un qualsiasi ipotetico pericolo. E il soprannome Marpio era davvero divertente. Scoppiò a ridere.

«Semmai, ti darebbe noia in inverno, quando non ci sono più le straniere. In inverno, si dedica alle ragazze di qua».

E di seguito a raccontarle, di una ragazza della zona, che, dopo alcuni mesi con lui, era stata lasciata e aveva tentato il suicidio. Lui durissimo, non s'era fatto impietosire, non era tornato a consolarla. Era solito affermare che "certe cose" si fanno in due e pentirsi è da stupidi.

In quella calda sera d'estate, avevano trovato un argomento interessante di conversazione. La ragazza del tentato suicidio, Anna il suo nome, sarebbe venuta ad abitare, per uno di quei casi strani della vita, in una casa popolare di ultima costruzione, piano terreno, piccolo giardinetto, visibile dalla finestra di Valentina. Più di una volta, in seguito, si sarebbe trovata a spiarla dietro la persiana, con curiosità morbosa, a voler decifrare sul viso dell'altra i segni della delusione e sofferenza passate. Anche per capire se la bellezza dell'asino di Anna fosse già scomparsa.

AL MARE CON ORNELLA

Sul viale che portava al mare, Valentina stava seduta scomoda sul portapacchi del motorino guidato da Ornella.

Situazione abbastanza assurda, fosse stato per lei non avrebbe mai accettato. Era stata Sara a convincerla.

«Ornella s'è offerta di portarti al mare nei prossimi giorni di ferie. La sua famiglia ha un bel capanno grande sulla spiaggia libera... un po' di sole e qualche bagno non ti farebbe male, sei bianca come una patata lessa».

«Non ho un costume da bagno, non posso andare».

«Magari te ne presta uno Ornella, oppure stai vestita. Metti quel vestito leggero con le spalline».

«E Massimiliano?».

«Sono in ferie anch'io. Lo porterò a Punta Marina con me, prenderemo l'autobus. Preferisco Punta Marina, meno frequentata di Marina di Ravenna».

Chissà perché, con lei, soltanto il figlio più piccolo.

Per il serbatoio ammaccato, nessuna lamentela. Forse Ornella, quel giorno, era andata via talmente in fretta da non prestarvi attenzione e, poi, non aveva saputo collegare il danno a Valentina. Dal canto suo, la ragazzina, non aveva riferito a sua madre né le visite di Ornella né la caduta in motorino. C'era stata una sorta di scambio muto fra le due.

Arrivate in spiaggia, erano state raggiunte da altri ospiti, amici di Tiziana, sorella di Ornella. Le due sorelle le avevano permesso di restare nel capanno mentre loro stavano cambiandosi, senza mostrare alcuna reticenza o forma di pudore. Valentina però preferì girare loro le spalle con un certo imbarazzo.

Le informò: «Io non ho un costume da bagno. Resto vestita».

«Ma dai, scherzi? Qui ci sono altri costumi di ricambio, mettine uno dei miei. E Ornella le porse un due pezzi. Valentina, quell'indumento, anzi due, reggiseno e mutandine, lo rigirava fra le mani come fosse qualcosa di indecente».

«Mica ti vergognerai? Al mare ci si spoglia, vestita sei ridicola. Non farci fare 'sta figura con i nostri amici».

Dopo, forse, si pentì, vedendo quanto quel costume esaltasse il corpo di Valentina. Era la prima volta che la ragazzina indossava un reggiseno e forse Sara non aveva del tutto torto quando affermava che il seno della figlia non aveva bisogno di sostegno: quel pezzo di stoffa si limitava a coprire due semisfere marmoree e a metterle in risalto.

Tuttavia, Valentina, dopo un primo bagno insieme agli altri, sul mezzogiorno, s'era resa conto di come la stoffa le aderisse addosso e come fosse trasparente. Così aveva legato alla vita un sorta di pareo che Ornella le aveva procurato in fretta. La donna adesso le lanciava occhiate preoccupate.

Nel pomeriggio, alle tre, faceva ancora molto caldo ma non scoraggiò le due sorelle a tornare sulla battigia con gli amici. Per giocare con i tamburelli, prima di fare un secondo bagno. Valentina invece restò all'ombra di due capanni affiancati. Aveva la pelle rossa e infuocata e rischiava di scottarsi di brutto.

Ornella aveva suggerito: «Mettiti all'ombra... altrimenti ti ustioni». Saggio consiglio, molto opportuno. Poi, la donna si era affrettata a raggiungere gli amici già nell'acqua a schiamazzare.

Uno del gruppo, inaspettatamente, si trattenne e le si sedette accanto sulla sabbia. Nonostante l'occhiata veloce, abbastanza contrariata, di Tiziana, al suo rifiuto di seguirla.

«Posso restare a farti compagnia? Non ho voglia di fare un altro bagno».

Avrebbe preferito rifiutare, ma come dirgli di no?

«Mi chiamo Marco».

Quel nome la perseguitava e cominciava a crearle uno stato d'ansia.

«Tu Valentina, lo so. Me lo aveva già detto Ornella. E poi adesso l'ho sentita chiamarti».

«Che cosa ti ha detto di me, Ornella?».

Temeva del serbatoio ammaccato.

«Che sei figlia del segretario del MSI».

«E questo cosa c'entra?».

«Tanto per dire qualcosa. Anche Ornella è di quell'idea, io simpatizzo e basta. Sai perché sono rimasto qui?».

«Perché non hai voglia di scottarti al sole».

«Perché sei rimasta tu. Sei davvero molto carina, mi piaci molto».

L'affermazione la turbò, le sembrò indelicata o almeno inopportuna. Poi si sentiva fuori luogo con quel pareo avvolto alla cintura e sotto seminuda. Fosse stata sola, se lo sarebbe tolto, ormai il costume s'era asciugato. Gli chiese, tanto per darsi un contegno: «Quanti anni hai?».

Lo vedeva molto più adulto di lei.

«Ventidue».

«Io quattordici». Lo disse con un tono di contestazione che poneva dei limiti precisi.

«Lo so, sei piccola, ma sembri più grande. E mi piaci lo stesso».

Prima che lei potesse prevederlo, del resto l'inesperienza non glielo permetteva, la prese per le spalle e la baciò, o intese di farlo. Per la verità, premette le labbra contro le sue, cercando di dischiuderle e incontrando la barriera di labbra e denti serrati. Lei, un po' perché bloccata alle spalle dalla parete di legno del capanno, un po' perché immobilizzata dalla stretta di lui, ma soprattutto sopraffatta da un'angosciosa sorpresa e da un senso di disgusto, non reagì. E non riusciva a capacitarsi, o rifiutava di identificare quel qualcosa, fra le labbra di lui, che premeva sulle sue e spingeva contro i denti.

Una sorta di mollusco. Rimase immobile, come inebetita. Lui si staccò stizzito: «Hai ragione, sei troppo piccola, non sai nemmeno baciare».

Valentina con la pelle infuocata dal troppo sole, sedeva di fianco, invece che cavalcioni, sul portapacchi del Mosquito di Ornella. Furono superate da un ragazzo in Vespa. Lui prima rallentò e si fece sorpassare, poi sorpassò lui e così via per tutto il tragitto dei dieci km fino alla città.
Ornella chiese: «Ma chi è, lo conosci?».
«No, no. Non l'ho mai visto».
«Sei sicura? Allora perché ci segue? Non lo vedi che si gira a guardarti?».
Per la verità, Valentina aveva pensato il contrario, che fosse invece uno dei tanti spasimanti di Ornella. E poi, non gli aveva prestato molta attenzione, ancora frastornata dal bacio di Marco Uno. Lo osservò e cercò di trovargli, ormai era diventata una mania, una qualche somiglianza, ma non ci riuscì. Era bruno, occhi scuri, pelle abbronzata, sguardo penetrante e sorriso da pubblicità di dentifricio. E sì, sorrideva proprio a lei. Se non glielo avesse fatto notare Ornella, non ci avrebbe fatto caso.
Le rivolse perfino la parola: «Come ti chiami? Io mi chiamo Marco». Accidenti, possibile che tutti i ragazzi che incontrava si chiamassero Marco? Per lei diventò, immediatamente, Marco Due, per distinguerlo dall'altro ragazzo. Marco-Marpio invece divenne un caso a sé, quindi nessun numero per distinguerlo. Non gli rispose. Lui sorpassò per l'ultima volta e, infine, tirò diritto.
La sera, dopo cena, sotto casa, avrebbe raccontato l'episodio del bacio a Loretta. E la sua amica, più informata, per certe spiegazioni della sorella, le chiarì come deve o dovrebbe essere un bacio fra innamorati.
«Com'è possibile?! Con la lingua?? Ma che schifo!».
E seguì una crisi di ilarità, ricostruendo la scena di quel

bacio rubato all'ombra del capanno sulla spiaggia. Motivo di risata fu anche quell'omonimia fra i primi ragazzi che si erano proposti all'attenzione a Valentina.

Loretta le chiese: «Ma lui com'è?».

«Somiglia a James Stewart, lo hai presente? Lungo, allampanato e melenso. Non mi piace, poi è troppo grande per me».

Non sarebbe più tornata al mare con Ornella. La donna avrebbe spiegato a Sara:

«Troppa responsabilità, tua figlia ha già dietro un sacco di mosconi. Mica posso farle la guardia di continuo!».

E sua madre a chiederle ragione di quella presa di posizione.

«Che cosa hai fatto? Ti sei comportata male?».

A Valentina venne la tentazione di riferire qualche particolare in più sul contegno, invece, di Ornella, al mare e, di prima ancora, delle sue visite particolari a Paolo. Ma non lo fece.

AL CIRCO

Fine settembre, già l'odore dell'autunno. Terra bagnata dalle prime piogge, il rosso e l'oro nel colore delle foglie. In fabbrica avevano distribuito alcuni biglietti per il circo. Il tendone era stato montato nello spazio centrale dell'ippodromo, così come spesso avveniva per altri spettacoli, fuori dal periodo delle corse dei cavalli. Accadeva anche per il Festival dell'Unità ma, in quel caso, la manifestazione era proibita a Valentina e Sara, visto il credo politico di Paolo.

«Stasera vi porto al Circo» esordì Sara «è una bella serata, approfittiamone».

Quell'iniziativa era una novità. Difficilmente Sara usciva con entrambi i figli e specialmente di sera. Preferiva, il sabato sera, uscire con le amiche. Come fosse stata una donna libera, senza marito. Stesso comportamento, del resto, da parte di Paolo, scapolo... con moglie.

Era un inizio d'autunno tiepido, ancora abiti estivi con un golfino gettato con noncuranza sulle spalle. Valentina manteneva nude le sue lunghe gambe, ora leggermente abbronzate per le poche volte ch'era stata al mare, al contrario di Sara che già indossava le calze di nylon. A Valentina erano state negate, oltre al reggiseno, anche le calze. Un ostinato rifiuto, da parte di Sara, come a voler ritardare il più possibile l'età adulta della figlia. O semplicemente per evitare una spesa in più. L'anno precedente, in prima Ginnasio, la ragazzina, con calzettoni e ginocchia viola per il freddo, s'era sentita umiliata a confronto delle compagne che esibivano calze di seta e le ridevano alle spalle.

Pochi spettatori, seduti sulle gradinate dell'ippodromo. Forse perché quel Circo non aveva un nome di grande richiamo e anche perché lo spettacolo si svolgeva all'aperto, esposto all'umidità della sera. E poi, il lunedì seguente, si sarebbero riaperte le scuole.

Gli acrobati, tuttavia, misero impegno ed entusiasmo nelle loro esibizioni, nonostante lo scarso pubblico. Si dimostrarono agili e spericolati e, considerando che lavoravano senza una rete di protezione, anche molto coraggiosi.

Era un circo modesto, i pochi artisti, sempre gli stessi, cambiavano abito e trucco e si esibivano in numeri diversi. Valentina ne riconobbe alcuni nelle varie performance, uno in particolare. Acrobata, giocoliere e anche clown. Vestito da arabo nelle evoluzioni acrobatiche su cavalli, le sembrò particolarmente dotato e affascinante.

Di certo, era rimasto colpito da Sara, come tutti gli uomini del resto, così pensò la ragazzina, vedendo l'intensità di quello sguardo diretto verso loro tre.

Qualcuno si sedette alle sue spalle, nonostante di spazio intorno ve ne fosse fin troppo. D'istinto, senza riflettere, si voltò e riconobbe Marco-Marpio. Casualità, coincidenza... Perché si era seduto proprio dietro di lei? Fu contenta di avere i capelli sparsi sulle spalle, come quella sera di alcune settimane prima, con i riflessi della luna a illuminarli. Marpio li aveva ammirati. Intanto era cominciato il numero dei clown. Massimiliano rideva alle loro buffonate, alla sorella invece mettevano malinconia per una certa comicità scontata, trucco vistoso, naso rosso a palla, imbottitura di gommapiuma a renderli grassi e goffi. Era anche tesa e distratta dalla presenza del ragazzo alle spalle e, nello stesso tempo, desiderosa di essere riconosciuta. Avrebbe notato di nuovo i suoi capelli? Chissà come l'istinto a volte suggerisca ciò che la mente contrasta. Valentina finse ad un tratto un'ilarità eccessiva. Nella risata si spinse all'indietro, così da toccare, con le spalle, le ginocchia di Marpio. Il numero dei pagliacci si prestava al sorriso, non ad un'ilarità così esagerata. Lo capiva, eppure ripeté quel gesto un paio di volte, ricevendo, al contatto, una sorta di emozione, o scossa elettrica. Il piacere che può dare la consapevolezza di una trasgressione. Poi ricordò il gesto della mano di Giovanni. Non stava forse emulando quel gesto? Si irrigidì, contrariata con se stessa, quasi si rannicchiò, poggiando i gomiti sulle ginocchia. Marpio, nel frattempo, si era alzato e aveva cambiato posto. Se questa era una risposta alla sua provocazione, risultava piuttosto negativa. Per la verità, Marpio aveva semplicemente pensato a una casualità del gesto, soprattutto basandosi sulla giovane età di Valentina. Fosse partito da Sara... lo avrebbe diversamente interpretato. E lui era attratto dalle donne mature.

"Ben mi sta", pensò Valentina. "Chissà che cosa m'è preso!". Mortificata e, nello stesso tempo, sollevata. "Ho fatto la figura di una deficiente che ride per certe stupidate".

Uno dei clown, dalla pista, rivolgendosi verso di loro, invitò:

«Abbiamo bisogno di un piccolo aiuto. Tu ragazzino, vorresti venire a reggerci la corda per saltare? Ci faresti una gentilezza». Grande inchino con sberleffo.

Massimiliano guardò Sara: «Posso?».

«Ma sì, vai».

Max raggiunse la pista, Valentina lo seguì con lo sguardo e distolse il pensiero da Marpio. Uno dei pagliacci, del resto era la sola voce parlante del trio, gli chiese il nome e poi: «Con chi sei? Con la mamma e con la zia?».

Fu lì che, incontrando il suo sguardo, Valentina lo riconobbe come l'acrobata vestito da arabo che l'aveva affascinata.

«Sono con mia madre e con mia sorella Valentina».

«Speriamo che tu sia più veloce di tua sorella che va lentina...».

Battuta idiota e scontata che infastidì la ragazzina. Ma, nello stesso tempo, la divertì che Max avesse rivelato quel segreto di Sara. Menomale che gli spettatori erano scarsi e, quindi, pochi avrebbero appreso quella verità: figlia e non sorella. Massimiliano collaborò per quel minimo che gli chiesero e poi tornò a sedersi molto compiaciuto di essere stato interpellato.

Nell'avviarsi all'uscita, Valentina si guardò intorno, cercando Marpio, ma non lo vide. E già, era ancora stagione delle ultime straniere al mare e s'era fatta l'ora giusta per avviarsi.

All'uscita, la sorpresa. L'artista circense le aspettava. Lo riconobbe soprattutto dagli occhi. L'arabo sul cavallo con le sue evoluzioni acrobatiche, ma anche il giocoliere e perfino il pagliaccio.

Le fermò, porgendo loro alcuni biglietti: «Per lo spettacolo di domani sera, in omaggio. Se tornate mi fate piacere».

Parlando guardava Valentina. Lei invece fissava lo sguardo su un foruncolo piuttosto notevole lievitato accanto al suo naso. Poco romantico da vedersi e il cerone ammucchiato sopra lo rendeva più evidente piuttosto che nasconderlo. Bastò quel particolare a ridimensionare l'ammirazione provata durante l'esibizione sulla pista del circo.

«Sarà difficile — chiarì Sara — anzi impossibile. Il lunedì mi alzo presto per andare a lavorare e i ragazzi non escono da soli la sera. E poi, lunedì, cioè dopodomani, hanno il primo giorno di scuola».

«Allora mandi i figli domattina, a visitare lo zoo».

Il suo sguardo da Sara tornava a Valentina.

E, infatti, le si rivolse: «Che ne dici, Valentina? Ti piacerebbe visitare lo zoo?».

«Forse. Potrei venire con una mia amica o con Max, se sono d'accordo».

«Allora vi aspetto, ci conto. Chiedete di me, io sono Mirko».

"Marco... Mirko..." soltanto un cambio di vocale. Lo salutarono.

«Valentina ha trovato un filarino...» cantilenò Max, andando verso casa.

Né lui né la sorella si sarebbero aspettati la reazione violenta di Sara.

«Voi proprio non andate da nessuna parte, macché filarino d'Egitto. Ve lo proibisco. Sono nomadi. Un giorno qua e in seguito chi lo sa. Arrivano, prendono, se ne vanno, spariscono. O magari vorrebbero invogliarvi a lavorare nel circo, potrebbero perfino rapirvi».

Esagerava. Per Valentina un sospetto... Chi lo sa. Forse. Tutto è possibile. Sara... Insomma, lei, Valentina, figlia di un circense di passaggio?

Il divieto così categorico di Sara, quell'eccesso di scrupolo, la invitò a contrariarla. Nonostante Mirko le fosse indifferente e ormai lo identificasse come quello dal foruncolo in piena fioritura. Fu Loretta a insistere per andare a visitare lo zoo, quando le raccontò l'episodio. Max invece, preferì defilarsi per non incorrere nella collera di sua madre che, quando era contrariata, diventava violenta. Valentina, per uscire con Loretta, mentì. Trovò una scusa plausibile per uscire da casa.

Non si riflette mai sulla vita che scorre all'esterno della pista circense. C'erano roulotte. E persone. Non gli artisti fascinosi dello spettacolo. Persone come tante. Tutte impegnate in occupazioni diverse nella quotidianità. Difficile identificarli per come Valentina li aveva visti la sera prima. Una giovane donna stava lavando panni, china su di una tinozza. Un uomo martellava sopra una piastra di metallo. Una ragazza stava lavandosi i capelli. Avevano chiesto di Mirko e lui si era precipitato ad accoglierle. Con lui, un amico recuperato all'occorrenza perché qualcuno lo aveva informato che le ragazze erano due. Ci furono le presentazioni e l'emozione di Mirko era evidente ma Valentina la ignorò.

«Gli animali? Dove sono?» lo sollecitò. Per quelli erano venute e non per altro.

Le gabbie degli animali stavano dietro le roulotte. C'era odore di fieno e anche di stalla, ma non eccessivo. Pulizia. E le bestie tutte all'apparenza mansuete. Qualche scimmia. Due elefanti. Tre cavalli.

Fu subito evidente che l'invito era stato solo un tentativo per rivederla. Ma lei si dimostrò distaccata, quasi scostante. Nello stesso tempo, lo esaminava, chiedendosi se davvero potesse esserci fra loro una qualche affinità genetica. Lo disorientò quando gli dichiarò la sua età, non ancora quindici anni. Lui ventidue. Ma Mirko si riprese in fretta. Le raccontò che i suoi genitori, anch'essi artisti del circo, si erano conosciuti durante uno spettacolo. Lei fra il pubblico, lui, come il figlio adesso, a esibirsi. Sembra impossibile che personaggi, intenti e attenti al proprio numero, riescano a individuare nel pubblico un viso piuttosto che un altro, fino ad esserne attratti. I due, genitori di Mirko, si erano rivisti nei giorni successivi, dopo gli sguardi che si erano scambiati. Lei fra il pubblico e lui sulla pista. In seguito, si erano scritti, fra una sosta e l'altra del circo nelle varie città. E così via. Valentina cambiò argomento, in parte sulla difensiva, ma anche dispiaciuta per lui che s'era fatto delle illusioni su chi non lo avrebbe mai assecondato. Per non guardarlo negli occhi, gli fissava la macchia rossa sul viso, residuo del foruncolo ora scoppiato. Il fondo tinta, prestato da una delle ragazze del circo, non era sufficiente a nasconderlo.

«Per la scuola come fate? Se siete nati e cresciuti nel circo e vi spostate di continuo, come riuscite a imparare tutto quello che s'insegna a scuola?».

«Per le elementari abbiamo un maestro che si sposta con noi e per le medie ci arrangiamo. C'è sempre qualche insegnante privato che ha uno spirito avventuroso e si presta e, a volte, si appassiona, al nostro tipo di vita. Gli esami li diamo da privatisti. Però... più che le medie inferiori non riusciamo fare. Chi vuole, legge e s'istruisce da sé. A me piace leggere».

Cercava di riportarla all'argomento principale. Si percepiva intorno un'aria di attesa speranzosa. Occhi bassi e sorrisi complici, sia pure accennati, nell'incrociare lo sguardo di qualcuno della famiglia circense. Loretta era trattenuta qualche metro indietro dall'amico di Mirko che, volutamente rallentava il passo.

«Tornerai stasera allo spettacolo?».

«Domattina ho il primo giorno di scuola e poi mia madre non mi lascia uscire di sera».

«Promettimi che cercherai di convincerla».

«Non posso prometterti. Forse la mia amica con sua sorella...».

Si rese conto che, a volte, un rifiuto diventa difficile.

«La tua amica... non m'interessa, io vorrei tanto rivedere te».

A quel punto, l'insistenza la indispettì, lui ventidue anni, lei nemmeno quindici... Che cosa si era messo in testa? E di nuovo il lampo di quella domanda nella mente di Valentina. Chi era stato suo padre? Un artista di passaggio anche lui? Il ragazzo della storiella messa in giro dalla mamma e dalla nonna, uno qualsiasi, o un qualsiasi Mirko artista circense?

Finalmente, Loretta e Valentina si ritrovarono fuori dall'ippodromo, sulla strada di casa.

Loretta commentò: «Ha cercato, in tutti i modi, di restare solo con te».

«Non m'interessa».

«Il suo amico mi ha detto che Mirko è... rimasto quasi fulminato, vedendoti».

«Lo credo, ero l'unica ragazza nel pubblico!».

E volse tutto in ridere, mettendosi a correre, seguita dall'amica.

IL SEGRETO DI LORETTA

Loretta era l'amica prediletta, l'unica con la quale si confidasse. Però, a volte, si avvertiva in lei una sia pur minima esitazione, per non dire un malcelato disagio, non si sa se causato dalla presenza di Valentina in certi momenti, oppure per il contegno spesso apprensivo della propria madre, o di sua sorella Mara. O forse era disturbata dalle attenzioni premurose delle due, rivolte a Valentina. In effetti, Valentina era stata accolta in quella casa, quasi fosse stata una terza figlia. Lo stesso accadeva a Massimiliano in casa dell'amico Lucio. In pratica, entrambi si comportavano da figli adottivi di una famiglia che non era la loro. Per questo, Valentina evitava, per quanto possibile, di cercare troppo spesso l'amica. Del resto, amava anche stare sola, soprattutto per cercare di studiare più di quanto non le fosse concesso dalle varie incombenze casalinghe.

Ma c'erano momenti in cui la solitudine le scavava un vuoto insopportabile nel cuore. Allora usciva a elemosinare un calore familiare che le mancava. Il più delle volte in casa di Loretta, dove però si prodigava per non essere di peso. C'erano orli e filze per gli abiti delle clienti di Mara. Diligentemente applicava ciò che Mara le aveva insegnato. Oppure si dedicava a Loretta trasferendole qualche nozione scolastica o leggendole a voce alta le pagine assegnate da studiare a casa. Loretta aveva lasciato la scuola in seconda media per una malattia che le si era manifestata, ora forse superata o tenuta sotto controllo. Un nome tabù, da non pronunciare che, però, Loretta, in un momento di sconforto, le aveva confidato. E Valentina avrebbe mantenuta la promessa del silenzio.

Nemmeno avrebbe formulato la domanda che le era salita in gola, e sarebbe stata del tutto logica, su un possibile pericolo di contagio. In effetti "quella" malattia era contagiosa, anche se finalmente contrastata dagli antibiotici. Ma non sempre veniva sconfitta.

Infatti, un paio di volte l'anno, Loretta partiva, accompagnata dalla madre o da Mara, per quella che chiamava "villeggiatura". Sarebbero andate a riprenderla dopo qualche mese e, al ritorno, sembrava rifiorita.

In Valentina si presentava spesso il ricordo, che poi era rimorso, di quella disastrata gita al mare sul Mosquito di Ornella. Poteva essere stata una delle concause che avevano aggravato il mal sottile della sua amica? Perché Loretta non l'aveva informata fin da allora?

Dubbi che si manifestavano soprattutto quando Loretta era lontana, ospite della casa di cura in montagna. Questa, per la verità, aveva un nome preciso che Valentina non voleva pronunciare, evitandolo perfino mentalmente. Anche perché sospettava che quella villeggiatura quasi mai "sanasse" del tutto, così come il nome avrebbe lasciato prevedere.

Le assenze di Loretta, mettevano ancora più in evidenza quanto la solitudine possa essere pesante e tormentosa, soprattutto per un'adolescente. Nonostante le compagne di scuola, forse ancor più per quelle, peggio per i familiari, le si accentuava il senso di abbandono e ricercava un'alternativa o un'ipotesi di amicizia.

LE INQUILINE DELLA SCALA A

A volte saliva a salutare la signora dell'ultimo piano. Senza rendersene conto, o forse sì, era attratta da donne molto presenti in casa, le autentiche casalinghe, con figli, apparentemente appagate, eppure come incomplete, anch'esse con un piccolo vuoto da riempire.

Carmela, originaria del sud, era una donna di bassa statura e con fianchi ampi, un viso largo, occhi piccoli e labbra sottili. Sembrava gradire molto la compagnia di Valentina. Amava parlare di sé e raccontare anche particolari intimi della propria vita. Il marito, uomo di mare, rude e piuttosto volgare nel linguaggio, per fortuna, era spesso imbarcato e si assentava per mesi. Valentina, quando era certa che il marito di Carmela fosse assente, saliva la rampa di scale che portava al piano superiore. La donna l'accoglieva con simpatia, Valentina era un diversivo alla monotonia delle sue giornate. Fra un dialogo e l'altro, nacque una certa confidenza. Forse sollecitata da qualche domanda di Valentina, ma anche dall'evidente riservatezza della ragazza che mai riferiva fatti di altri, Carmela le confidò di essersi sposata senza alcun'attrazione o passione. Per la verità, era stata scelta da quel "lupo di mare", perché "atta a casa" e non troppo attraente. Soprattutto perché illibata, diversa dalle donne, spesso prostitute, che usava frequentare nei vari porti in cui la nave attraccava. Carmela lo raccontava senza rammarico o rimpianto, del resto, aveva semplicemente assecondato la volontà dei genitori, come fosse stato del tutto naturale.

«Non sono bella – ammetteva – non lo ero nemmeno da

ragazzina, non facevo gola a nessuno. E lui è, tutto sommato, un brav'uomo. Non mi pesò sposarlo».

Valentina, un giorno, non riuscì a frenare la curiosità e rivolse una domanda che le frullava in testa da qualche tempo: «Ma come fa... a stare nel letto con lui? Ci ha fatto due figli insieme... Ho sempre pensato che "quello" senza amore non si possa fare».

Domanda che a Sara, sua madre, mai avrebbe osato rivolgere.

L'altra si mise a ridere. Rispose: «Niente di più facile. Stacco la mente. Lui mi dice " tu dormi pure, non preoccuparti, per me va bene lo stesso"».

Quella confidenza turbò Valentina e l'avrebbe turbata, ripensandoci, anche in seguito. Poi sarebbe arrivata a sorriderne, ricordando come l'altra avesse raccontato quell'episodio con allegria. Però, le si accentuò la ripulsa per quell'uomo, marito di Carmela e padre di ragazzini poco minori della stessa Valentina. Si domandò quanti ne esistano, di uomini così.

La donna, altre volte, si soffermò su nuove confidenze intime, del resto, non così esperta come avrebbe dovuto essere alla sua età, visto quel poco che aveva appreso dal marito. Nemmeno dimostrava di essere offesa per quell'uso che il marito faceva di lei, considerata alla stregua di un oggetto.

Sullo stesso pianerottolo di Carmela, di fronte, abitava una famiglia veneta, una coppia, due bambini, una nonna. La nonna, Angela, sulla sessantina, era spesso sola, figlio e nuora fuori tutto il giorno per lavoro, i nipoti a scuola e dopo scuola. A Valentina rammentava un po' sua nonna. Qualche volta andava a farle compagnia. O si potrebbe dire "a trovare compagnia"? Da lei aveva imparato alcune semplici ricette di cucina che, qualche volta, aveva tentato di sperimentare, nei giorni festivi o in estate, quando s'era trovata sola in casa a cucinare. Anche Angela le si confidava. Le raccontò di quella ragazza che una mattina aveva bussato alla porta di casa. Alta, bionda, un po' legnosa, occhi di ghiaccio e con un addome prominente da gravidanza avanzata.

Le aveva sparato in faccia quella verità, senza tanti preamboli: «Sono incinta di suo figlio. Sa, quando ha fatto il militare nel Friuli. Bene, ora suo nipote sta per nascere, a casa mi hanno sbattuta fuori e io sono qui e da qui non mi muovo».

Angela, donna mite, era rimasta immobile e sbigottita, mentre l'altra la spingeva da parte ed entrava in casa.

Quella storia sembrava davvero incredibile e Valentina se l'era fatta raccontare più di una volta, con un misto di compiacimento e malinconia della donna. Fatto sta che il figlio, tornato a casa dal lavoro, aveva preso atto di tutto e... dopo poco tempo, se l'era anche sposata, la friulana.

A Valentina piaceva molto l'inquilina del terzo piano. Maria. Il marito fuori tutto il giorno per lavoro, lei in casa con tre bambini, una di due anni e due gemelli di pochi mesi. Originaria della Puglia, aveva i parenti lontani e nessun aiuto. Era felice quando alla porta le appariva Valentina.

Non erano visite frequenti. Semmai divertenti e faticose. In genere, Maria le affidava uno dei gemellini, mentre lei accudiva l'altro. Era difficile dare il biberon a entrambi contemporaneamente. La piccolina di due anni osservava, disorientata. Sgranava gli occhioni azzurri, turbati, senza però segni di gelosia. Semmai, era in attesa di spiegazioni che non sapeva darsi. Per la piccola, Valentina provava tenerezza e anche compassione. Per questo motivo, in genere, finito il pasto delle due belvette, la ragazzina portava la bambina via con sé. La madre ben felice. A Valentina piaceva, del resto, come con altri bambini, inventare favole e raccontargliele. Oppure sollecitava la piccola a raccontare di sé, la divertiva come la bambina storpiasse le parole, come fanno quasi tutti i bambini di quell'età. Le rivolgeva l'attenzione che in casa propria non riceveva, visto lo spazio di tempo indispensabile ai gemelli. Forse, in Valentina, consapevole o no, l'istinto materno si manifestava prepotente a compensazione di quanto lei stessa non aveva avuto. Una "vera" famiglia, quella classica, forse uno stereotipo, ma per lei, anche se inespresso, un progetto di vita. Essere madre nel senso classico, dare ai figli tutto l'amore che è giusto dar loro.

Per gl'inquilini dell'appartamento a piano terra, si dovrebbero spendere parole in più. Il padre, con un lavoro senza un orario preciso, giorno o notte, aveva però trovato modo di... ingravidare la moglie ben nove volte. Un esercito di piccoli marmocchi, educatissimi, come soldatini ben addestrati. Un anno dopo l'altro, una gravidanza dopo l'altra. Dai nove anni ai tre mesi di età. Straordinari. Tutti disciplinati con un proprio compito da svolgere. I maggiori, si fa per dire, nove, otto, sette, sei anni, al mattino vestivano i fratellini più piccoli e li accudivano nella colazione, prima di andarsene a scuola. Forse un sollievo per la madre, o un disagio in più, restare senza il loro aiuto quando uscivano da casa. La donna aveva partorito di recente, da sola, come per i parti precedenti. Dopo il parto, s'era subito alzata e si era messa a lavare i panni utilizzati per l'evento. Nessun aiuto, né familiare, né estraneo. Un solo stipendio e una quasi-squadra-di-calcio da mantenere. Valentina provava ammirazione mista a sgomento per quella donna. A volte, si soffermava a intrattenere le due piccole di tre e due anni. Raccontava loro le solite favole inventate sul momento e ascoltava, con incredulità, le loro osservazioni. Entrambe si esprimevano con un vocabolario adulto, senza storpiare le parole, come invece si sarebbe aspettata. Così diverse dalla piccola del terzo piano. Già adulte e sagge e... senza infanzia. In Valentina affioravano memorie proprie non così distanti o non diverse.

LA FILODRAMMATICA

Ormai era evidente che la professoressa Renati avesse un debole per Valentina, scolasticamente s'intende. Soprattutto per via del compito in classe d'italiano. Foglio protocollo scritto sul lato sinistro, in quattro colonne, senza errori ortografici o grammaticali, con proprietà di linguaggio e con un contenuto adulto.

«Non leggo il tema della Manoli perché troppo personale».
Nonostante il voto molto alto, un nove, l'insegnante non leggeva il tema in classe, come in genere faceva con i migliori.

Se, da principio, Valentina era stata cauta nel trattare certi argomenti, in seguito, era diventata più spontanea e con minori reticenze. In un certo senso, aveva anche inteso mettere alla prova l'affidabilità dell'insegnante. E questa aveva rispettato la sua richiesta muta. Però, s'era resa conto della posizione ostile della classe verso Valentina, per quei giudizi e riguardi che sembravano eccessivi. Cosicché aveva deciso di tentare un'iniziativa che impegnasse tutti gli allievi, nessuno escluso: la scrittura di un testo teatrale, estratto da un qualche argomento di studio considerato nell'anno, la sceneggiatura e infine l'interpretazione con la scelta dei vari attori.

Un certo impaccio da principio e poi il ricorso della classe a Valentina che aveva più idee e più disinvoltura con la scrittura. Ne uscì un testo ironico e scorrevole ispirato scherzosamente a Dante Alighieri. E Valentina fu attenta a cogliere i suggerimenti dei compagni, dando loro l'idea di un contributo maggiore di quello effettivo.

Alla fine dell'opera, fu necessario trovare un luogo dove rappresentarla. Il preside rifiutò di mettere a disposizione l'aula magna. Allora si pensò al garage di qualcuno che avesse genitori disponibili a lasciare occupare quello spazio. Ci fu un tentativo ma l'ambiente risultò inefficace e misero. Senza un vero teatro, il testo perdeva valore e anche la giusta motivazione dei ragazzi.

E Valentina all'insaputa di tutti, più per se stessa che per gli altri, andò a curiosare un pomeriggio al Teatro Verdi. Sul palcoscenico, la filodrammatica locale stava provando un'opera di Pirandello. Il capocomico era il titolare della farmacia più centrale della città, oltre che attore di tutto rispetto. A lui Valentina si rivolse, dopo aver seguito le prove. Già da subito, tutti gli attori s'erano incuriositi per la presenza di quella spettatrice imprevista. E poi così giovane.

La curiosità del dr. Mancini per quella studentessa di liceo, quindicenne, così apparentemente spavalda e sicura di sé, prevalse e le propose di provare, in un prossimo pomeriggio, in modo che lui potesse rendersi conto. Se davvero fosse stato un testo carino e decorosamente interpretato... ebbene sì, forse, nell'intervallo fra un tempo e l'altro della loro rappresentazione, poteva essere inserito come variante d'alleggerimento. In genere, le prove si svolgevano la sera dopo cena, ma, in quel periodo, per imprecisati motivi, erano state anticipate al pomeriggio

Stupore dell'insegnante e della classe per quella concessione ottenuta. La prova ci fu, ma fu negativa. Recitazione improbabile e scoordinata. Valentina s'era impegnata al massimo e fu proprio l'unica a ricevere un occhio di riguardo.

«Tu hai disposizione, ma i tuoi compagni, perdonami, proprio per niente».

Tentativo fallito e quindi accantonato. Anche quello della professoressa di ottenere una maggior socializzazione di Valentina con il resto della classe.

Qualche mese dopo, Sara tornò a casa con un'aria quasi divertita. Era andata in farmacia per acquistare uno sciroppo per la tosse di Max, raffreddato da qualche giorno. Chiamò la figlia.

«Ma lo sai? Quel farmacista, il dottor Mancini... che strane idee per la testa. Mi ha chiesto di te per una parte nella loro prossima commedia».

Un sussulto del cuore di Valentina: «E...tu?».

«E io? Gli ho detto di no. Ma ti pare che ti lascio andare la sera, dopo cena, per le prove?».

«Potresti accompagnarmi...».

«Io mi devo alzare la mattina alle sei, te lo sei dimenticata? E poi è una vera sciocchezza. Ci manca anche che ti venga in mente di recitare».

"Io mi alzo alle sette, il pomeriggio non vado a dormire e dopo cena studio fino a tardi!". Pensieri inutili di Valentina. Discorso chiuso. Un dolore sordo e tormentoso e lacrime silenziose a tarda sera prima di addormentarsi.

Seppe in seguito che la parte era stata proposta e accettata da una ragazza che frequentava le Magistrali. Forse la madre di quella non doveva alzarsi alle sei della mattina. O metteva la figlia al posto giusto nella scala dei propri valori.

Un episodio sufficiente a giustificare rabbia e rancore nei confronti di Sara? Per molto giorni, o settimane, Valentina contenne a fatica un sordo malessere che, al solo ricordo del rifiuto di Sara, s'impadroniva di lei. Poi perdonò. Come sempre, del resto. O fu rassegnazione?

Alla fermata del n.8, sul lungomare di Messina, un autobus s'era fermato e poi era ripartito.

Valentina non era stata pronta a salirvi sopra, anzi lo aveva osservato dalla panchina, quasi attraverso la trama di un tessuto.

«Ho perso l'autobus...».

Dafne minimizzò: «*Che t'importa... sai quanti ne passano da qui a stasera?*».

ACQUA ZUCCHERO E LIMONE

Diciassette anni, alto, magro, di bell'aspetto, tuttavia indifferente agli sguardi ammirati delle coetanee o di chiunque lo fissasse con attenzione o semplice curiosità. Schivo e introverso, tutto casa e scuola. Dicevano studiasse con molto profitto e fosse prediletto dagli insegnanti, come spesso accade per gli allievi migliori. Frequentava il Liceo Ginnasio Dante Alighieri, nonostante fosse anche lui, così come Valentina, di famiglia modesta. Quel suo incedere elegante e lo sguardo "al di sopra", che non era superbia, gli davano un'aria aristocratica. E lo rendevano antipatico ai compagni maschi della classe, che non gli risparmiavano frecciate, a volte pesanti, riferite al suo viso dai lineamenti perfetti e delicati, alla sua riservatezza e per come evitasse di confondersi con gli altri.

Non reagiva, lasciava che certi commenti gli scivolassero sopra. Così almeno sembrava.

Valentina lo aveva incrociato, qualche volta, mentre usciva dal portone di casa, stesso palazzo, due scale diverse; oppure lo aveva intravisto nel corridoio del Liceo durante l'intervallo. In un paio di occasioni, lo aveva salutato. Il ragazzo aveva risposto a malapena, senza guardarla, perso apparentemente nei suoi pensieri. Forse nemmeno s'era reso conto che fossero vicini di casa. Da quel momento, la ragazzina s'era limitata ad un'occhiata subito distolta. Semmai, doveva essere lui a rivolgerle il saluto. Non provava alcun interesse particolare, nonostante si fosse resa conto che alle compagne di classe piaceva molto e sussurrassero di lui. Federico, questo il suo nome, in seconda liceo, aveva il fascino del ragazzo più grande, sia pure di soli due anni, per le ragazzine di V Ginnasio.

Sarebbe stato facile innamorarsi di lui, più che altro per l'aspetto fisico, di certo non per l'atteggiamento distaccato e scostante. Ma Valentina si stava convincendo di non essere capace d'innamorarsi. Anzi, s'impegnava, più o meno cosciente, a tenere lontano da sé quel tipo di inconveniente. Non voleva innamorarsi, né pensava che qualcuno potesse innamorarsi di lei.

Federico, in realtà, era piuttosto timido. Quindi timidezza e non superbia. Non si dava arie come supponevano le compagne coetanee. Oltre che timidezza, sul suo viso, tristezza, perfino infelicità. Senza un preciso motivo, almeno palese agli altri. Familiari compresi.

I genitori di Federico lavoravano entrambi. Il padre impiegato postale, la madre maestra d'asilo. Il padre rincasava dopo le due, il pranzo già predisposto, dalla sera prima, dalla moglie che invece rientrava dopo le sedici. Genitori, quindi, almeno fisicamente, presenti che non gli facevano mancare niente in senso pratico.

Il padre, soprattutto, gli prestava attenzione, gli rivolgeva domande, cercava il dialogo, il sorriso e la confidenza. Una dimostrazione di affetto. Federico lo assecondava ma sembrava che, a volte, gli costasse fatica.

«Brutto carattere - commentava la madre rivolta al marito - deve aver preso da tuo padre, se ne fregava di tutti. Concentrato solo su se stesso. Egoista. Come se tutto gli fosse dovuto».

Il marito difendeva il figlio. «Magari... studia troppo. Ci vuole sempre una via di mezzo, il troppo fa sempre male. Dovrebbe uscire da casa, fare amicizie».

Federico sembrava indifferente a quei commenti, come per quelli dei compagni a scuola. Dopo pranzo, si rinchiudeva in camera propria per studiare o per suonare la chitarra. In passato, aveva preso delle lezioni private, presto interrotte. Aveva anche composto qualche canzone. Ma, dopo la scuola media, gli era stato negato il Conservatorio, distante dalla propria città di residenza e... perché è una scuola che "porta a niente". Parole di sua madre. Allora aveva preteso l'iscrizione al Liceo Classico, nonostante i genitori insistessero per un Istituto Tecnico Commerciale. Una sorta di rivalsa o dimostrazione della propria capacità superiore e volontà di studio che l'amore per la musica non escludeva. S'era impegnato con se stesso a finire il Liceo col massimo dei voti, così da avere un ingresso preferenziale per l'Università, quindi a Bologna. Città dove appunto c'era anche il Conservatorio.

Suo padre era solito uscire dopo cena. Nella periferia della piccola città di provincia, le abitudini erano paesane. Una capatina al bar, o al circolo, una partita a carte, tanto per, senza giocarsi soldi. Rientrava prima della mezzanotte, la moglie già dormiva, dopo aver sistemato la cucina e preparato il pranzo per il giorno dopo. Non dimostrava d'essere scontenta, quella era la sua quotidianità e c'era abituata.

Anche Federico era già a letto, in camera sua. Come al solito, aveva studiato fino a tardi. Spesso, si addormentava con un libro aperto sul petto perché il sonno lo coglieva di sorpresa, così che gli restava la luce accesa.

Suo padre vide filtrare la luce e socchiuse la porta, attento a non fare rumore, sarebbe entrato a spegnere la lampada sul comodino.

«Ah... sei ancora sveglio... è tardi. Spegni la luce e mettiti a dormire. Altrimenti domattina farai fatica ad alzarti».

«Stavo per farlo, ma ho la gola secca. Mi porteresti, babbo, un bicchiere, di quelli grandi da birra, con acqua zuccherata e qualche goccia di limone?».

Il padre andò in cucina, eseguì e tornò dal figlio con un boccale pieno d'acqua zuccherata e limone.

Gli lanciò la battuta: «Con questo beverone, stanotte dovrai alzarti per andare in bagno».

«Almeno starò meglio con la gola. Domattina resto a casa, dillo anche alla mamma che non vado a scuola, che non venga a svegliarmi».

Era una richiesta talmente insolita per lui, così scrupoloso e diligente, che nessuno l'avrebbe contrastata.

«Non ti senti bene? Ti sei misurato la febbre?».

«Non ho la febbre, solo bruciore alla gola e dolore alle articolazioni. Forse mi sta venendo l'influenza».

La notizia s'era sparsa in brevissimo tempo. Le grida disperate di quel padre, un boato lungo la tromba delle scale. Erano usciti da casa senza nemmeno pensare di svegliarlo, la mattina. Ligi alle sue disposizioni. Ragazzo studioso e con un gran senso del dovere, se aveva scelto di non andare a scuola, doveva avere avuto le sue buone ragioni. E infatti. Voleva essere certo che il suo progetto non sarebbe stato contrastato. La sirena dell'autoambulanza. Inutile viaggio di sola andata. Federico, diciassette anni, morto suicida. Eppure, la gravità dell'azione non era tanto nel gesto sconsiderato, quanto nella mancanza di una causa plausibile. Perché un adolescente si suicida senza un motivo per lo meno apparente?

Tutti gli inquilini della scala B, affacciati al passamano, inebetiti e silenziosi. Più che la pena per il ragazzo, sovrastava quella per i suoi genitori. Come si supera una tragedia simile?

Le voci, la ricostruzione dei fatti dei più informati, quelli che non mancano mai in simili frangenti, raccontarono particolari.

A Valentina sarebbe rimasto impresso per sempre nella memoria quel boccale colmo d'acqua zuccherata e limone. Chiesto ad un padre ignaro che quella bevanda sarebbe servita a togliere l'amaro delle pasticche di barbiturici rimasto in gola. Come a voler renderlo complice, quel padre, o per voler aggiungere allo strazio del dolore, anche il rimorso.

LA COPPIA PERFETTA

Li aveva incrociati alcune volte, passeggiando con Loretta lungo il corso. Giovani e belli. Lei alta, slanciata, bruna, occhi grandi e scuri, capelli corti a caschetto. Lui viceversa biondissimo, occhi verdi, stessa altezza di lei. Impersonava, per Valentina, il principe azzurro delle favole, quello di Biancaneve o delle Bella addormentata nel bosco. Avevano entrambi un'andatura armoniosa, elegante, un passo "fra le nuvole". Si tenevano per mano, si guardavo negli occhi e si sorridevano.

Valentina li fissava incantata, per lei rappresentavano il prototipo del veri innamorati.

Infatti, rivolta a Loretta commentò: «Come sono belli insieme e come sono innamorati. Ecco, vedi, quello è il vero amore».

«Sei un'indovina? Come lo sai che si amano? Intanto la famiglia di lui non è contenta».

Ecco la solita Loretta che conosceva tutto di tutti, il gazzettino della città.

«E perché non sono contenti? Lei è bellissima».

«Se bastasse la bellezza... Non sai chi è lui? Marco Rivolta. Una famiglia aristocratica e anche ricca. Lei figlia di un'impiegata comunale. Non lo sai che i ricchi sposano le ricche?».

Un altro Marco! Nome molto comune, a quanto pare.

«Non siamo mica nel Medioevo! E poi, se si amano, cosa credi che possano fare i genitori?».

Intanto, il pensiero era intento al nome del ragazzo, caso strano, Marco anche lui. Ad ogni modo, era un Marco che non la riguardava, inutile chiamarlo Marco Tre. E non trovava convincenti le informazioni di Loretta: quei due camminavano per le strade principali della città, mano nella mano, con passo sicuro e spavaldo. Se il ragazzo avesse avuto i genitori contro, sarebbe stato più guardingo.

Di lui, seppe che frequentava la facoltà di Giurisprudenza presso l'Università di Bologna e che là aveva un mini appartamento a disposizione. Rientrava a casa solo nel weekend. Naturalmente, con l'innamorata, era facile supporre che s'incontrassero anche a Bologna, in piena libertà. Niente di più semplice, anzi, normale. Avrebbe potuto evitare di passeggiare con lei lungo il corso, nella città dei genitori, se davvero quelli fossero stati così in disaccordo. Così ragionò Valentina.

SPASIMANTI IN ATTESA

Due mesi sono niente. Le giornate di Valentina si ripetevano, sempre molto pesanti per una quindicenne. La scuola, lo studio, la cifra che la madre le affidava mensilmente e che lei doveva amministrare per il vitto familiare. Al ritorno da scuola, la sosta dai vari fornitori a ritirare la spesa alimentare, secondo la nota scritta lasciata ogni mattina. E, tornata a casa, una specie di pasto per sé e per Massimiliano e poi lavare le stoviglie sporche della sera prima, rassettare la cucina e altre varie faccende domestiche. E, dopo, c'era da seguire Massimiliano, sempre molto svogliato e indisciplinato, nei compiti scolastici assegnati per casa. Non le restava molto tempo per studiare ma lei avrebbe difeso quel diritto fino alla morte. Tanto è vero che studiava dopo cena, quando Max già dormiva nella stanza che condividevano e lei restava alzata fino alla mezzanotte e oltre. E, alle sette del giorno dopo, era già in piedi per ricominciare. Sospettava che sua madre cercasse di impegnarla al massimo per impedirle di progredire nello studio. Allo stesso tempo, compativa Sara che, finché la nonna era stata viva, trovava tutto già pronto e predisposto al meglio e quindi era negata per certe incombenze. Un osservatore esterno, però, potrebbe chiedersi perché quella madre, invece di andare a dormire il pomeriggio o, per lo meno, dopo aver dormito, non predisponesse lei il pasto dei ragazzi per il giorno dopo, al rientro da scuola. O perché, dopo cena, non lasciasse almeno la cucina in ordine.

In realtà, Sara progettava o sperava, di fare assumere la figlia in fabbrica come operaia o, perché no, se fortunata, come impiegata. Ma, per l'appunto, quella figlia s'era intestardita su quegli inutili studi classici che ostacolavano certi propositi dettati, secondo Sara, dal buonsenso.

Riconoscere, all'uscita del cancello del Liceo, la figura allampanata di Marco Uno, le creò più disagio che emozione. Chi stava aspettando? Per caso lei e poi perché?

Quando la salutò affiancandola, restando seduto sul sellino della bicicletta, lei gli rispose senza guardarlo.

«Vuoi che ti porti i libri? Li metto nel portapacchi».

«No, grazie».

«Ti dispiace che sia venuto a prenderti?».

«Non capisco perché tu sia venuto».

«Per rivederti».

Lei zitta e lui ad avanzarle a fianco, sempre dandosi la spinta con i piedi a terra ma restando seduto sulla bici. Alle loro spalle, il rombo soffocato di uno scooter che, a marce basse, li stava seguendo. Valentina sbirciò dietro, e qui sì, ebbe un secondo sussulto di sorpresa. Aveva riconosciuto il ragazzo che l'aveva affiancata quel giorno d'estate sul viale di Marina, lei con Ornella. Le si strinse lo stomaco nell'imbarazzo di una situazione del tutto imprevista e poco gestibile. Come ci si comporta in certi casi? E come mai quella coincidenza dei due contemporaneamente? Davvero, a volte, il caso si prende gioco di noi.

Pochi monosillabi, scambiati per metà del tragitto verso casa, poi Marco Uno sembrò contrariato dal rumore della Vespa, pochi metri indietro. Girò la bici e, rivolto a Marco Due, poche parole che a Valentina suonarono inopportune, anzi sgradevoli: «Ti lascio il posto, forse sarai più fortunato di me».

Lo scooter le si affiancò: «Chi è quello? Il tuo ragazzo?».

«Io non ho un ragazzo e ho solo quindici anni».

«Ti ricordi di me?».

«Non mi pare».

«Ma sì, quel giorno che stavi seduta dietro alla tua amica, sul portapacchi del Mosquito, tornando dal mare».

«Non è la mia amica. È amica di mia madre. E tu che cosa vuoi da me?».

«Ma dai. Se sono qui vuol dire che mi hai colpito. Sei molto carina, di certo lo sai. Anch'io sono studente e faccio l'ultimo anno di Ragioneria. Però... suono anche in un complesso musicale ed è quello che voglio fare appena diplomato. Prendo il diploma perché i miei rompono. Sai, mia madre è maestra e ci tiene all'impiego pubblico».

Valentina lo ascoltava ed era disorientata per quell'intraprendenza. Fisicamente le piaceva, ma era di quelli che lei considerava da evitare. Complesso musicale... in giro per il mondo. Niente di affidabile. E poi perché, improvvisamente, tutti s'interessavano a lei, cosa volevano? Dunque la bellezza dell'asino può attrarre i ragazzi, forse perché non sanno quanto sia passeggera? Questo il dilemma. Nemmeno immaginava che c'è un'età adolescenziale che emana quel fascino sottile del fiore appena sbocciato: un profumo particolare che si espande e attrae. La similitudine del fiore attenua quella col mondo animale che potrebbe sembrare sgradevole o irrispettosa, soprattutto se riferita a una ragazzina adolescente. Ma, per la verità, non dovrebbe scandalizzare. C'è un momento, nella vita della donna, in cui la femminilità prorompe e diventa richiamo: è una legge di natura. Più poetico il paragone vegetale, con il profumo del fiore nell'attesa dell'impollinazione, piuttosto che quello animale (mondo al quale, del resto, apparteniamo) col calore di una femmina che si predispone all'inseminazione.

Valentina non ne era cosciente ma, nello stesso tempo, percepiva un cambiamento in sé e lo contrastava. L'istinto le si rivelava, ma lo disconosceva. Il confronto con Sara, incinta a quindici anni, le stava fisso nella mente fin dall'infanzia. Un ammonimento costante, un freno tirato sul treno in corsa.

Nel frattempo, s'erano avvicinati al complesso di palazzine popolari, dove Valentina abitava. Qui ebbe una spiacevole sorpresa. Dietro la siepe sparuta che costeggiava il cancello, la voce di suo fratello, rientrato prima di lei, era fra quelle degli amici coetanei, che la beffeggiavano sghignazzando.

«Valentina ha un nuovo filarino... Valentina si fa prendere in giro dai ragazzi... Valentina fa la scema con i maschi...». E così via, andando anche sul pesante.

Avvampò.

«Scusami, devo andare. Quello stupido di mio fratello con i suoi amici idioti... Mi toccherà sentire anche mia madre. Non venire più a prendermi a scuola».

«Allora dove ti rivedo? Ci vai mai a ballare?».

Lei già era oltre il cancello. Furiosa contro il fratello. Se ne fosse stata capace... Ma non ne era capace. E avrebbe pianto di rabbia, appena rimasta sola.

NUOVE AMICHE

Si chiamava Daniela. Una bella florida ragazza di diciannove anni. Abbastanza spregiudicata, dal momento che finì per confidarsi con Valentina, nonostante questa avesse meno anni di lei.
Valentina era solita acquistare quaderni e altro materiale per la scuola presso la tabaccheria-cartoleria che si trovava a metà strada, fra casa sua e l'edificio scolastico.
Vi andava nel pomeriggio, dopo aver riordinato la cucina, quando Sara e Paolo erano a riposarsi. Daniela era la figlia del tabaccaio e, nel primo pomeriggio, sostituiva suo padre al banco di vendita. Il padre l'avrebbe raggiunta più tardi.
In genere, dalle quattro alle sei del pomeriggio, non si avvicendavano molti clienti. E così finì per diventare un'abitudine, per Daniela, scambiare parole con quella ragazzina che comprava grossi quaderni dalla copertina nera e chiedeva la cartuccia per la penna stilografica.
«Ma che cosa ci fai con tutti questi quaderni?».
«Per la scuola, ma anche soltanto per me. Certe volte mi vengono in mente poesie. O favole. Ho anche un'idea per un romanzo, ma è più difficile. E poi mi manca il tempo».
Così era nata qualche confidenza. Quelle di Daniela erano di certo molto più avvincenti. Più matura, più esperta. Aveva un innamorato e momenti di piena intimità con lui. Ne era follemente presa e quello era diventato il suo argomento preferito. Aspettava l'occasione per parlarne e Valentina sapeva ascoltare. A Daniela piaceva ripetere quanto lui fosse pazzo di lei. Molto appassionato, geloso. Si vedevano nel fine settimana. Lui era studente universitario, faceva il pendolare fra

Ravenna e Bologna e ogni mattina prendeva il treno per Bologna. Rientrava a Ravenna, appunto, ogni sera. Daniela, da un incontro all'altro con la nuova amica, rivelava più particolari, come se quel parlare di lui glielo rendesse più presente, anche quando fisicamente non lo era.

Le confidò che il sabato sera usciva con le amiche, fingendo di andare a ballare. Mino, ecco il suo nome, l'aspettava in un luogo prestabilito. Le amiche, complici. Daniela si allontanava con lui per un paio d'ore per raggiungerle più tardi, là nella sala da ballo, all'ora del ritorno a casa.

Attraverso quelle confidenze, Valentina, nonostante il proprio scetticismo, suppose che ci si potesse innamorare, pazzamente e reciprocamente, di un amore che non conosce ostacoli.

La storia di Daniela e Mino le ispirò un racconto che scrisse, con la sua scrittura veloce, su un quadernone dalla copertina nera. La lesse alla figlia del tabaccaio, che si entusiasmò e si commosse. Da quel momento, le applicò sconti notevoli sugli acquisti di cancelleria. Ormai erano diventate amiche, complici della relazione segreta, o quasi. Mino con Daniela. Su quelle pagine, sulla storia di un'altra, Valentina a volte si soffermò a fantasticare d'incontri impossibili.

Un'altra amica fu Stella, la parrucchiera. Molto carina, corti capelli bruni e occhi azzurro intenso. Un anno più di Valentina. Aveva lavorato come apprendista, per due anni, presso una nota parrucchiera di un negozio del centro. Molti shampoo, molte teste fra le sue mani, era arrivata ad arrotolare bigodini, ma altro non le avevano permesso. Aveva però registrato mentalmente ogni gesto della sua datrice di lavoro per ripeterlo a casa con la madre, le zie e le cugine, impegnandosi in azioni fissate nella mente. Grande spirito d'osservazione e intelligenza. Finché suo padre le aveva comprato un casco da professionista e altri oggetti necessari all'attività, nonostante le mancasse un diploma nel settore. Dalla messa in piega e taglio alle varie parenti, che si erano prestate a fare da cavie, si era allargata a qualche vicina di casa. Qualcuna più temeraria, o incosciente, le si era affidata. Fra queste anche Valentina. Sia per la simpatia che Stella le ispirava, sia per l'età che favoriva una certa sintonia, fino ad assecondare certe sue richieste, anche le più strampalate. Per esempio, Valentina le si era presentata con un settimanale popolare, di quelli che Sara era solita portare a casa. Le aveva mostrato un disegno di Walter Molino, in una di quelle storie a "fumetti" sulle pagine di quel rotocalco. La pettinatura della ragazza del disegno era quantomeno stravagante, impensabile metterla in pratica nella realtà. Stella invece si era mostrata eccitata all'idea di sperimentare, di esibirsi e soddisfare l'aspettativa dell'amica.

Un certo buonsenso, però, l'aveva fatta esitare: «Ma sei proprio sicura? Hai dei capelli così belli e lunghi... Lo sai che dopo non puoi tornare indietro?».

«Se te lo chiedo, vuol dire che ci ho pensato».

Invece, ci sarebbe da domandarsi perché si prendano certe decisioni. Valentina voleva dimostrare d'essere libera di scegliere per se stessa? O intendeva mortificare certi suoi impulsi di vanità e civetteria? O voleva fare un dispetto a Sara? Se andava orgogliosa dei propri capelli perché volerli stragiare in quella maniera? Era forse un modo di imporsi, o ribellarsi alla consuetudine. Un cambiamento, ecco cosa andava cercando. E il taglio drastico dei capelli lo simboleggiava.

Dalla nuca alla fronte, ciocche cortissime, due centimetri al massimo, portate tutte in avanti a scendere verso gli occhi. Dietro, viceversa, i capelli erano stati lasciati mediamente lunghi per raccoglierli in un nodo o legarli a coda di cavallo. Le lunghe ciocche sul pavimento, spazzate via quasi di fretta da Stella, turbarono più l'esecutrice materiale che non la cliente.

Valentina, invece, si guardava allo specchio e si vedeva trasformata. Un taglio di capelli può quasi paragonarsi a una svolta nella vita. Per una contrarietà o delusione, certi cambiamenti estetici, poca cosa all'apparenza, sono, implicitamente, un segnale importante, un'affermazione di sé.

Quell'episodio segnò per le due ragazze l'inizio di un rapporto di fiducia. Fino ad arrivare, poco tempo dopo, a certe confidenze intime. Stella le confidò della sua "prima volta", avvenuta qualche settimana prima. Smaniava dalla voglia di raccontarlo a qualcuno. Chi meglio di Valentina, così riservata e nello stesso tempo fantasiosa e folle? E, soprattutto, capace di ascoltare, anzi di rispettare le confidenze altrui.

Fabio, il fidanzato di Stella, le si era presentato a casa di mattina, poco dopo che i genitori di lei erano usciti per recarsi al lavoro. Lui aveva preso un giorno di ferie.

Stella appena alzata e ancora in pigiama, aveva da poco fatto colazione. Dopo la sorpresa, un primo bacio, un caffè che la ragazza gli aveva preparato, altri baci e carezze. Fabio l'aveva poi sollevata fra le braccia e portata di peso in camera e sdraiata sul letto. Da lì un susseguirsi di gesti confusi ed emozionati. Nel ragazzo c'era stata la premeditazione, altrimenti non si spiegherebbe il giorno di ferie.

Stella raccontava con orgoglio. Un traguardo superato per sentirsi donna in ogni senso.

«E... com'è stato?» si decise a chiedere Valentina.

«Bello in generale. Ma... il fatto in se stesso... non saprei dirti. Fastidioso, ecco. La prima volta è difficile provare piacere, meglio la seconda volta».

«Io credo che non lo farò mai».

«Vedrai che quando t'innamori, ti sarà facile».

Ma innamorarsi non era nelle aspettative di Valentina, nemmeno liberarsi di quel particolare anatomico che sembrava essere diventato per tutte un inconveniente da eliminare appena possibile. Daniela, nel suo racconto, aveva esaltato quell'attimo e, adesso, Stella lo definiva fastidioso. E Carmela, l'inquilina dell'appartamento al quinto piano, seguitava a dormire durante il coito, perché al marito stava bene lo stesso.

PRIMO INCONTRO CON GIACOMO

Ogni mattina stessa strada, d'inverno percorsa a piedi, a volte invece, nella buona stagione, in bicicletta. A metà strada, il passaggio a livello aveva quasi sempre le sbarre abbassate. Se era in ritardo, Valentina ci passava sotto, senza pensarci troppo. A volte, il casellante le urlava dietro. Lei pensava che bastasse dare un'occhiata veloce nelle due direzioni per controllare un eventuale treno in arrivo. Lo facevano quasi tutti coloro che dovevano recarsi al lavoro, o a scuola, la mattina. Finché un uomo rimase straziato sotto la locomotiva delle otto e dieci e allora diventarono tutti molto attenti e prudenti e cercarono di anticipare l'orario per non trovarsi a dover rischiare.

Dopo il passaggio a livello, si seguitava per un viale alberato, che costeggiava la Stazione Centrale. Sul lato opposto della strada, dopo una curva, si apriva lo spiazzo, una sorta di giardinetto, con alcune panchine, nei pressi del Liceo. E, proprio poco prima della curva, Valentina incrociava un gruppo di ragazzi che avrebbero attraversato la strada per dirigersi alla Stazione.

Era una coincidenza che loro aspettassero di attraversare, dopo averla incontrata? La casualità vale per la prima volta, meno per le successive.

Erano studenti universitari. Coloro che avevano un alloggio a Bologna prendevano il treno lunedì e rientravano il venerdì sera, altri, i pendolari dell'Università, prendevano il treno tutti i giorni, escluso il sabato. Incrociando Valentina, si aprivano facendole ala, lei attraversava quella specie di corridoio fra loro, con un certo imbarazzo, oltretutto temeva qualche commento irriverente. Uno di essi, restava un po' indietro, così da trovarsela di fronte, prima di lasciarle il passo, o era lei a precederlo, spostandosi. Anche se evitava di incrociare il suo sguardo, sentiva quello di lui su di sé. Suo malgrado, lo aveva notato. Nel gruppo si distingueva: più alto, più bello. Somigliante vagamente a Gregory Peck. Un uomo, più che un ragazzo, per lei che aveva appena quindici anni. Le era capitato di pensarlo durante la mattinata in classe e anche dopo. Aveva scacciato il pensiero. Quasi un insetto molesto. Negli incontri successivi, si era indispettita nell'arrossire, sentendosi fissare con tanta insistenza.

Ci fu, a distoglierla, l'episodio di Marco Rivolta che, da quel momento, diventò Marco Tre. Una compagna di classe, fra quelle che la snobbavano, le si avvicinò durante l'intervallo.
«Senti... mi hanno pregato di riferirti qualcosa...».
«Una cosa grave?».
«No, no... un po' imbarazzante. C'è un amico di mio fratello che vorrebbe conoscerti».
«E ha incaricato te?».
Sguardo e tono sarcastico.
«Beh sì, perché sa che siamo in classe insieme».
«E chi sarebbe questo amico?».
«Forse lo conosci, la sua famiglia è molto conosciuta. Lui ti ha vista in giro, insomma ti ha notata».
«Guarda che io non sono proprio il tipo che si presta a certe proposte. Nemmeno mi piacciono... i ruffiani».
Però era anche incuriosita, oltre che contrariata. L'altra non mostrò di offendersi per il termine che le aveva attribuito. Segno che teneva a portare avanti l'impegno preso con l'amico del fratello.
«Non vuoi nemmeno sapere come si chiama?».
«Se ci tieni, dimmelo».
«Marco Rivolta». Come se il solo pronunciare quel nome dovesse annullare ogni reticenza della compagna.

Lo stupore di Valentina fu tale che non riuscì a nasconderlo. Occhi sgranati e gola secca.

«Ma dai!? E chi ti crede? Non è fidanzato con quella bella ragazza bruna? Li ho incontrati molte volte per strada, sono una coppia bellissima. Innamoratissimi. Che razza di scherzo da prete vuoi farmi? Mi prendi per scema?».

Immediato, il sospetto di un vero intrigo alle sue spalle, per prendersi gioco di lei, tutta la classe, tutti quei palloni gonfiati dei suoi compagni borghesi. O forse organizzare una scommessa o qualcosa di peggio.

«Si sono lasciati da qualche mese. Lui s'era stufato. Magari... gli sei piaciuta. Ti sembra così strano? Non hai niente in meno di quell'altra».

«Io non ci credo. E comunque non m'interessa, non m'interesserebbe nemmeno se fosse vero».

E pensò a quella famiglia aristocratica che s'era opposta alla storia del figlio con la bellissima ragazza, ritenuta inferiore perché figlia di semplici impiegati. Chissà quanto avrebbero gradito e approvato una figlia di operai. Da ridere.

«Ha detto che ti aspetta oggi, alle quattro, davanti al cancello dell'ippodromo. Stai abbastanza vicina di casa, no?».

E già, magari lui ad aspettarla con altri amici, un'allegra brigata, chissà con quali intenzioni. Ma davvero esiste gente del genere, che si diverte con certe vigliaccate a spese dell'ingenua di turno?

«Allora digli che può risparmiarsi d'aspettare. Io non accetto appuntamenti nemmeno da chi conosco, figurati se mi faccio prendere in giro da lui. Per chi mi ha presa?».

E chiuse il discorso.

Pochi giorni dopo, la notizia sul quotidiano locale. Un incidente. Due ragazzi in Vespa, una curva presa male. Marco Rivolta stava dietro e l'amico guidava. L'amico s'era salvato, Marco Rivolta no. Al funerale c'era quasi tutta la città, era davvero una famiglia importante, molto conosciuta e rispettata. Valentina lesse la notizia il giorno dopo. C'era la foto del ragazzo in prima pagina, biondo e bellissimo, sorridente così come lo aveva visto, mano nella mano con la fidanzata. Chissà quella povera ragazza... Inaccettabile, per Valentina, il ricordo di tre giorni prima, della proposta sospetta a scuola, quell'appuntamento fasullo, perché tale lo riteneva ancora, repentinamente rifiutato. Eppure il dubbio era di quelli che rimangono dentro per sempre. E se non fosse stato un tranello, se lui davvero avesse desiderato conoscerla? Se davvero si fosse invaghito di lei? Se lei avesse accettato? Lo avrebbe distolto dall'andare in Vespa con l'amico?

A scuola, si sentì osservata dai compagni, da una in particolare che distolse lo sguardo, incrociando il suo.

La vita è così fatta, chi nasce e chi muore. Nessuno sconto per l'età, nessun privilegio. Federico suicida a sedici anni. Marco Rivolta, fine della sua vita a vent'anni o poco più, per la disattenzione di un suo amico in moto. Così rifletteva Valentina nei giorni successivi. Triste e insieme rassegnata. E chissà se morire giovane è sempre un male, se invece può risparmiare delusioni e sofferenze future.

Era sabato e lei avanzava lungo il viale, assorta nei propri pensieri e proprio non si aspettava di incontrare uno di quegli studenti pendolari. Mai di sabato. E poi, proprio quello studente.

«Ciao. Posso parlarti un momento?».

«Sto andando a scuola, non posso fare tardi».

E poi davvero non era in vena.

«Mi chiamo Giacomo. Di solito il sabato non vado a Bologna. Avrai capito che frequento l'Università, faccio Ingegneria, sono al quinto anno. Forse conosci mia sorella. Avrà più o meno la tua età».

«Io ho quindici anni».

«Sembri più grande. Mia sorella ha diciotto anni. Si chiama Giuliana e tu?».

«Non la conosco. Io, Valentina. Scusami devo scappare».

«Ci vediamo lunedì, come al solito. Almeno, adesso, spero che mi saluterai. Ciao Valentina».

Rispose già correndo. Ma che cosa gli prendeva a tutti quanti? Che cosa pretendevano da lei? Cominciava a sentirsi addosso una specie di persecuzione. Ma il cuore aveva accelerato i battiti, come ogni volta che incontrava "Gregory Peck", così era solita pensarlo. Adesso invece conosceva il suo vero nome: Giacomo.

Ogni mattina, passi che s'incrociavano. Adesso anche un saluto. A volte qualche minimo scambio di parole e la complicità dei compagni di lui che lo distanziavano, attraversando per primi la strada.

Prima o poi sarebbe accaduto. Giacomo le chiese di poterla incontrare nel pomeriggio di un sabato successivo. Un appuntamento.

«Perché?».

«Come perché. Per parlare un po' di più, per passeggiare, per conoscerci meglio. Non ti farebbe piacere sapere qualcosa di più su di me? Che mi piaci lo hai capito e spero di piacerti anch'io...».

Di certo le piaceva, come nessun altro mai prima d'allora, ma l'eccessiva emozione la spaventava, così come la spaventavano i nove anni di differenza d'età.

Però sussurrò un sì e accettò l'appuntamento per il sabato successivo alle quindici. Mancavano quattro giorni e, a volte, possono essere lunghi. Loretta, da poco tornata dal luogo che chiamava "di villeggiatura", quel sabato, dopo pranzo, andò a bussarle alla porta di casa. Ultimamente si vedevano meno per quelle assenze sempre più frequenti.

«Ho la tessera per il cinema, solo per oggi, ci andiamo, vero?».

La sorella di Loretta era fidanzata con un brigadiere dei carabinieri e questi le prestava a volte la tessera omaggio che la sala cinematografica riservava ai militari dell'Arma. Ne potevano usufruire anche i loro familiari. Nel caso di Loretta, la sorella col fidanzato si servivano della sua complicità. Fingevano, i fidanzati, di andare al cinema e mandavano Loretta al loro posto, così che potesse raccontare loro la trama prima di rincasare. La tessera era valida per due persone. E, appunto, chi se non Valentina?

La ragazza adorava il cinema e quell'occasione fu davvero irresistibile per lei. Era programmato un film con Montgomery Clift e lei amava quell'attore. A volte, con Loretta, rivedeva più volte uno stesso film, tornando in un giorno successivo, gustando le parole come fossero una leccornia della mente.

Valentina andò al cinema con Loretta e dimenticò l'appuntamento con Giacomo. Era segno di scarso interesse verso di lui? No. Soltanto che, nonostante il suo aspetto fisico fosse già quello di una donna, dentro era ancora immatura e infantile e non era preparata a quel genere d'impegno amoroso.

Tre ore. Dalle quindici alle diciotto. Prima di rientrare a casa si sarebbero incontrati con i due fidanzati e avrebbero raccontato loro il film per sommi capi.

Ma... C'è spesso un ma nelle circostanze della nostra vita.

Uscendo dal cinema, incrociarono un gruppo di ragazzi "grandi", fra questi Giacomo.

A Valentina tornò la memoria d'incanto, si sentì morire dalla mortificazione. Come si può dimenticare un impegno così importante? Il primo appuntamento... E poi... con un ragazzo che le piaceva così tanto!

Giacomo le si parò dinanzi: «Mi sono perso qualcosa?». Tono ironico e contrariato.

«Oddio.. scusami. È che la mia amica è appena tornata... e insomma... mi sono dimenticata».

«Vuol dire che vedermi non t'interessava granché. Peccato. A me invece sì e molto».

«Potremmo...».

«No, devo pensarci... magari ti capita un altro impegno e ti dimentichi di nuovo di un cretino che sta ad aspettarti».

Guance avvampate e sudorazione profusa. Meglio non insistere per non peggiorare la figuraccia. Un "ciao" fin troppo glaciale. E, inoltre, dover spiegare a Loretta che non aveva capito il senso di quello scambio di parole.

«Ma chi, lui? Un appuntamento? Non posso crederci... Ma lo sai chi è lui?».

Ecco la solita Loretta che sapeva tutto di tutti.

«Chi è lui? ?».

«Davvero non lo sai?? È Mino, l'ex di Daniela... Ed è anche il segretario della sezione giovanile del PCI di Ravenna».

Valentina tenne conto soltanto della prima parte dell'informazione. Giacomo, Giacomino. Mino. Quanto freddo improvvisamente a gelare la fiammata di un attimo prima!

Loretta precisò: «Del resto, Daniela è partita da sei mesi. Sai com'è: morto un Papa...».

No, non era così semplice per Valentina. Sapeva troppo di quei due. Confidenze, particolari intimi. Adesso poteva dare un viso e un corpo all'innamorato, ora ex, di Daniela. Aveva scritto e raccontato di loro, quasi testimone della loro passione, si era immedesimata in Daniela...

No. Lei non avrebbe avuto una storia con Mino, non sarebbe più riuscita a immaginarselo vicino. Ma come mai aveva così tanta voglia di piangere?

Aveva anticipato la sua uscita di casa, la mattina. Passaggio a livello libero. Poi di corsa, lungo il viale. Soltanto che, un giorno, Mino l'aspettò lungo il viale, all'uscita dalla scuola. Accidenti, ogni volta andava in fiamme, incontrandolo. Si padroneggiò. Un saluto e tirò avanti.

«Aspetta. Non metterti a correre come al solito. Non pensi di dovermi almeno una spiegazione?».

«Quale spiegazione?».

«Mi hai dato buca all'appuntamento e ora mi eviti».

«No, no... perché dovrei evitarti?».

«Appunto. Allora spiegami. Ti sei dimenticata del nostro appuntamento e passi: ho capito che t'è dispiaciuto. Adesso però non so più cosa pensare».

"Lo dico, non lo dico.." Valentina aveva la gola secca.

«Daniela era una mia amica. Non so come spiegarti. Mi fa effetto immaginarti con lei».

Mino era turbato, inutile negarlo. Ma si riprese: «È una storia finita. Non andavamo d'accordo, non facevamo che litigare. Era talmente gelosa che non la sopportavo più. Insomma è finita. E poi... è partita. Mi ha scritto un paio di volte e poi non mi ha più scritto. Ha certo trovato un altro, là dove sta».

«Tu non capisci...».

«Io capisco che mi piaci tu e che ti piaccio anch'io. Non voglio prenderti in giro e ti rispetto. E non so come ti possa disturbare una storia finita. Mi fai cadere dalla padella nella brace, non sopportavo la gelosia di Daniela e tu sei gelosa perfino della ex».

«Non hai capito niente. Non è gelosia, è amicizia per Daniela».

E gli girò le spalle per allontanarsi. Ma lui la bloccò, prendendola per un braccio.

«Ascoltami. Te lo dico ora e non lo ripeterò più. Forse mi sto innamorando di te. Forse. Ma posso anche farmela passare. Se anche tu, come m'è parso, provi qualcosa, pensaci prima che sia troppo tardi».

Inaspettatamente, l'abbracciò e la baciò. Il suo primo vero bacio. Una fiammata a percorrerla tutta, uno sconvolgimento generale. Caldo e freddo. Quasi da svenire.

Mino era impallidito e gli tremavano le labbra.

«Ecco — le disse — questo ti aiuterà a riflettere meglio». E la sua voce un po' affannata tradiva l'emozione.

Per Valentina gambe molli nel ritorno a casa e viso infuocato. Qualcuno poteva averla vista? Quel pensiero irriverente la disturbava e la confondeva ancora di più. Ma c'era molto di altro a turbarla fin dentro la profondità del suo essere.

Sara, rientrando a casa verso le diciotto, senza nemmeno una parola, le si mise di fronte e la schiaffeggiò. Presente anche Massimiliano che, seduto al tavolo di cucina, fingeva di studiare. Valentina, con i segni delle ditate sul viso, era ammutolita. Scintille di rancore nel suo sguardo. Se Sara non fosse stata sua madre avrebbe restituito quel gesto incomprensibile che le formicolava nelle mani.

«Lo schiaffo per insegnarti che non ci si fa sbaciucchiare per strada. Se proprio vuoi farlo, fallo con decenza. In due, mi hanno fermata per dirmelo, appena scesa dal treno. Con quel sorrisino d'intesa e quella frase idiota. Talis mater talis filia. Così vanno dicendo. E tu che fai il classico non avrai problemi a capire il latino».

«Io non ho fatto niente di male — sillabò sua figlia — Non me lo aspettavo, quel bacio, mi ha presa alla sprovvista. La prima e l'ultima volta. Se la gente pensa male è a causa tua, non certo mia».

Sara di nuovo alzò la mano, ma questa volta Valentina fu veloce a bloccargliela. Poi le girò le spalle e andò a chiudersi in bagno. Quella stanza era diventata il suo consueto rifugio. Spesso, perfino, vi si rinchiudeva per studiare seduta sulla tavola del water closet.

Le sovvenne, improvviso, il ricordo di Federico. Le sembrava adesso di capire e compatire quel suo gesto che le era parso sconsiderato. Acqua, zucchero e limone. Voglia di chiederlo anche a Sara, per ingoiare pillole mortali e per punirla.

UN TÈ A CASA DI ORNELLA

Sara le girava intorno da qualche giorno. Cercava un dialogo, ma la figlia rispondeva a monosillabi. Poi quella strana proposta.

«Ornella ci ha invitato, nel pomeriggio, a prendere un tè a casa sua. È il suo compleanno e non ha molti amici per festeggiare. Io purtroppo non potrò esserci, ho da fare due ore straordinarie e rientro dopo le sei. Vai tu e le porti il regalo che ho già preso per lei: orecchini di bigiotteria».

«Io devo studiare, non ci vado».

«È per farmi un piacere. Senti, ti chiedo scusa per lo schiaffo, mi è proprio scappato di mano. Non puoi tenermi il broncio per tutta la vita... Dai... Facciamo pace?».

Valentina non rispose. Ogni volta che le tornava alla mente quell'episodio, la voce le s'ingolava.

«Cerca di capire: io non voglio che sparlino di te. Lo hanno fatto anche troppo per me, hai ragione. Almeno tu dimostra che hanno torto».

A malincuore Valentina cedette.

Si limitò a osservare: «Non ho niente di adatto da mettermi».

E quella, per invogliarla: «Ti presto le mie calze e le mie scarpe, quelle che hanno un po' di tacco. Poi metti quel vestito rosso che ti sta proprio bene».

Per la verità il vestito rosso di un anno prima le stava corto, abbastanza sopra il ginocchio. Con quel vestito striminzito, la ragazzina si sentiva ridicola, ma agli uomini che lanciavano sguardi alla lunge gambe snelle, mentre pedalava sulla bicicletta, non sembrava ridicola. Tutt'altro. Sguardi lascivi, simili a quelli che lei aveva colto più volte su sua madre.

Ornella le aprì la porta. «O brava la mia Valentina, almeno tu! Tutti gli altri hanno da fare e li vedrò domenica».

Entrando nel tinello, notò che la donna aveva steso sul tavolo una tovaglietta da tè, sopra c'era un vassoio con alcuni pasticcini. Mah. Qualcun altro l'aveva preceduta. Sorrideva, alto e dinoccolato, somigliante a James Stewart, Marco Uno.

Sensazione molto fastidiosa di trabocchetto. Non voleva pensare che sua madre fosse stata complice. Piuttosto, un'iniziativa ruffiana di Ornella. Oppure Sara aveva voluto procurarle una nuova occasione, convinta da certe insinuazioni di Ornella? Aveva frainteso che fosse stato Marco Uno a baciarla lungo il viale della stazione?

«Se non sbaglio, già vi conoscete. Marco è stato così carino da venire a farmi gli auguri. Fa il rappresentante di prodotti alimentari e fino alle cinque i negozi di quel genere sono chiusi e quindi, prima, è passato di qua».

«Ciao, Valentina». Le tese la mano mentre lei, con la sinistra, cercava di tirare verso il basso la gonna troppo corta.

Rispose al saluto, ma già l'istinto le suggeriva di girare le spalle e andarsene. La sorpresa e la contrarietà le bloccarono ogni iniziativa. La ruffiana li informò che sarebbe andata in cucina a preparare il tè.

«Come stai? Sono contento di rivederti, ti ho pensata molto, sai?».

«Io invece non ti ho pensato e non mi aspettavo di trovarti qui. Ti sei messo d'accordo con Ornella?».

«Hai ragione, non è una coincidenza. Volevo rivederti e in privato. Ho chiesto ad Ornella, che è un'amica, di aiutarmi».

«E brava Ornella».

«Non essere così indisponente».

La prese per le spalle e cercò di abbracciarla. Sara avrebbe approvato quel gesto che accadeva lontano da occhi indiscreti? Si divincolò e serrò le labbra alle labbra di lui, nonostante lui cercasse di dischiuderle. Lapidario il suo giudizio sull'amica Ornella e, purtroppo, dolente, il sospetto della complicità Sara.

Si liberò dall'abbraccio, andò alla porta e giù per le scale fino alla strada. Inforcò la bici e pedalò fino a restare senza fiato, verso una direzione che non era quella di casa. L'istinto la portava ad allontanarsi il più possibile. Percorse vari chilometri, oltre la periferia. Si fermò, trafelata, a una fontanella d'acqua potabile. Si sciacquò il viso, soprattutto le labbra e la bocca. Fu in quell'occasione che rivide Dafne, incontrata altre volte occasionalmente e di sfuggita. Dafne, quella che sarebbe diventata la sua amica più fidata, nonostante avesse molti più anni di lei.

«*Non ti senti bene? Hai bisogno di aiuto?*».

A sua volta, era scesa dalla bicicletta e le si era avvicinata, protettiva e partecipe.

La ringraziò e si schermì, ma l'altra era talmente gentile e premurosa... Insomma trasmetteva una sensazione che la rasserenava. Di questo aveva bisogno, di attenzione e comprensione.

«*Mi chiamo Dafne e tu?*».

«Io Valentina».

«*Abiti in questa zona?*».

No, le spiegò, abitava in tutt'altra direzione. Si lasciò convincere a tornare indietro. Dafne le pedalò a fianco fin nei pressi di casa. Poche domande durante il tragitto, come chi non si aspetta risposte. Valentina, in genere tanto diffidente con gli estranei, volle tuttavia raccontarle l'episodio che tanto l'aveva disgustata. Soprattutto le confidò il sospetto della complicità di Sara. Forse voleva liberarsi di lei, fidanzandola al primo venuto. Dafne la convinse che la madre, molto probabilmente, non era responsabile. Anzi, pentita per quello schiaffo che ancora bruciava sul viso di sua figlia, aveva creduto di riallacciare un dialogo decente, mostrandosi magnanima.

Non riuscì a convincerla, ma smorzò l'ira che le ribolliva dentro. Dafne dimostrava una decina d'anni, circa, più di Sara. Intorno ai quarant'anni. Valentina non le chiese l'età. Le era bastato sentirla materna e rassicurante. Di questo soprattutto aveva bisogno, di un'alternativa a Sara, più affidabile.

«Tu dove abiti? Dovrai fare diversi chilometri per tornare a casa?».

«*Per me non è un problema. Ho amici da queste parti, disposti ad ospitarmi anche se mi presento all'improvviso*».

«Ci rivedremo?».

«*Ora che ci siamo conosciute di persona, è probabile di sì*».

AUTOSTOP

Valentina si sentiva diversa. Era cambiata e non soltanto fisicamente. Più disincantata. Soprattutto si detestava per il desiderio che leggeva negli occhi maschili. La bellezza dell'asino. Aveva sperato di eguagliare suo madre alla sua stessa età, ora si rendeva conto che la bellezza non è un vantaggio, anzi un inconveniente, se non un pericolo. Oppure un'arma da usare con molta cautela. E diffidava degli uomini. Soltanto di uno, forse, si sarebbe fidata, se soltanto ne fosse stata capace. Ogni volta che Mino le tornava in mente, scacciava quel pensiero come fosse stato una colpa.

Non lo aveva più incontrato. Non l'aveva più cercata. O non era così attratto da lei, o l'orgoglio gl'impediva di fare un secondo tentativo o, senza volerlo ammettere, era in difficoltà per la storia con Daniela. Forse compativa il rifiuto di Valentina, non ancora sedicenne, quindi immatura, troppo piccola per un venticinquenne.

Loretta non usciva quasi più di casa. La malattia avanzava e Valentina soffriva nel vederla deperire. Non riusciva più a confidarsi con lei, quasi le sembrava di mancarle di rispetto, parlandole di cose così futili al confronto della malattia dell'amica. Ogni volta che andava a trovarla, ne usciva distrutta. In una di quelle occasioni, incontrò di nuovo Dafne, proprio nelle vicinanze della casa di Loretta. Pedalava sulla sua bici. La chiamò, ma l'altra doveva essere distratta. Non la sentì e tirò dritto per la sua strada.

Valentina, negli ultimi tempi, aveva frequentato più spesso

Stella, l'amica parrucchiera. Spregiudicata e vitale la stimolava a reagire. La distraeva.

Max, nonostante ancora bambino, aveva già qualche speciale simpatia. Valentina aveva notato che certe sue scelte cadevano su bambine che un poco le somigliavano. Coincidenza. In quel periodo, lui giocava volentieri con Manuela, sua coetanea. La bambina aveva una sorella, Valeria, un anno meno di Valentina e proprio Max spinse la sorella a fare amicizia con Valeria. Valentina assecondò quell'innamoramento infantile che la inteneriva.

Valeria era una ragazzina molto esile, bellissimi occhi. Quindici anni e fisicamente ancora molto bambina, così che Valentina sembrava più adulta di lei.

Sara, come già era solita per il vitto, affidò una busta con altro denaro alla figlia, senza rendersi conto di quanto eccessivamente la responsabilizzasse.

«Per il mare. Per andare al mare con Massimiliano. I soldi sono per la corriera, un panino e una bibita quando siete là. Fatteli bastare per tutto il mese».

«Ma come... ma dove...».

«A Punta Marina, c'è tanta spiaggia libera. L'ombra la cercate dietro qualche capanno, c'è gente che va al mare solo la domenica e i capanni, nei giorni feriali, non sono occupati. L'importante non andarci di domenica».

«E tu?».

«Io ho le ferie in agosto. In agosto, si vedrà».

Sempre più egoista, quella madre. Nemmeno un minimo di considerazione, né un elogio, per la figlia, dopo la promozione dalla quinta Ginnasio alla prima Liceo. Pensieri presenti anche nella mente di Valentina. A volte le sembrava di odiare sua madre. La sofferenza e la rabbia possono essere la conseguenza di un'aspettativa delusa?

Aspettavano tutte le mattine la corriera delle otto. Valentina, Massimiliano, Valeria e Manuela. La loro madre aveva concesso il permesso. Altra responsabilità per Valentina, ma, nello stesso tempo, sollievo di non essere sola con il fratello, al mare.

Una mattina, giunsero alla fermata con qualche minuto di ritardo, la corriera già partita. Troppo tempo perso a preparare la borsa con il necessario per la mattinata al mare. Delusione degli altri tre. Valentina, per rimediare, decise di chiedere un passaggio. La strada verso Punta Marina era poco frequentata anche in estate. Conduceva alla spiaggia libera, considerata "degli squattrinati" perché meno attrezzata e meno elegante rispetto a quella di Marina di Ravenna. Metri e metri di sabbia per raggiungere la minima profondità di un pallido mare adriatico. Un mare infido, con improvvise buche traditrici nell'acqua poco profonda. Nessuna delle poche auto, o meglio nessun autista, li considerava. Anche perché erano già cariche di altri passeggeri. Uno sguardo divertito a loro quattro e via. Non sarebbero passate altre corriere: una sola all'andata, di mattina, una al ritorno verso l'una e poi, l'ultima, nel tardo pomeriggio.

Valentina, lampadina che s'accende nel cervello, suggerì agli altri tre di nascondersi. Un espediente visto in un film.

Apparentemente sola, segnalò con la mano e il pollice, la richiesta d'autostop. L'espediente funzionò. Un'auto, con un uomo solo al volante, si fermò.

«Sta andando al mare?». Valentina lo interpellò, cercando di rendere suadente la propria voce.

«Vado a Punta Marina, all'interno, per motivi di lavoro. Tu non hai paura a fare l'autostop con tanti brutti ceffi che ci sono in giro...?».

Per la verità, l'uomo era diretto a Marina di Ravenna dove aveva una fidanzata, una farmacista. Ma questo lo si sarebbe scoperto dopo. Percorreva quella strada alternativa, più lunga, soltanto perché meno trafficata.

«Mi darebbe un passaggio fino alla spiaggia di Punta Marina?».

«Certo, più che volentieri, sali».

«È che non sono sola... Abbiamo perso la corriera... e nessuno si fermava... Ci sono anche il mio fratellino e due sue amichette».

Lo informò tutto d'un fiato, timida e sfrontata insieme.

«Dovrei mandarti a quel paese? Se fossi un malintenzionato, lo farei. Chiama pure quegli altri, c'è posto per tutti voi».

Fu così che non persero la giornata al mare. E fu così che quell'uomo propose di passare tutte le mattine e caricarli ogni volta. Nello stesso tempo, gli altri, ammoniti da Valentina, giurarono di non rivelare quel segreto ai genitori. I soldi previsti per i biglietti, li avrebbero utilizzati per una bibita in più. Fu un'imprudenza ma, per fortuna, non accaddero imprevisti spiacevoli, tranne il dialogo, o interrogatorio continuo, riservato prevalentemente a Valentina, seduta accanto al conducente. Lo sguardo di lui, trentenne, sembrava accarezzarla e nello stesso tempo penetrarla, col desiderio a malapena dissimulato. Valentina ne fu consapevole, ma capace di fingere di ignorarlo. Era davvero cambiata. Meno ingenua? Soprattutto meno intimorita, convinta che dopotutto, se la bellezza è un pericolo, lo è in due direzioni.

Gli uomini peccano di presunzione, mirano a sedurre, spesso non si fanno scrupoli, ma sono anche facilmente raggirabili, proprio perché vittime della loro stessa presunzione. Disse di chiamarsi Rinaldo, rappresentante di prodotti farmaceutici. Nascose di avere una fidanzata o un'ipotetica moglie. Non portava la fede. Molto somigliante a Rock Hudson. Se avesse avuto un'età diversa, Valentina lo avrebbe trovato attraente, adesso lo vedeva soltanto coetaneo di sua madre. Anzi... pensava che, se lui avesse conosciuto Sara, ne sarebbe forse stato conquistato e lei pure da lui. Ma a Sara non si poteva raccontare di quell'incontro. Loro quattro al mare con uno sconosciuto. Una volta, Rinaldo scese con loro e si offrì di affittare un ombrellone e poi di consumare un pasto decente a una sorta di chiosco-ristoro nei pressi della spiaggia. L'esultanza dei compagni impedì a Valentina di rifiutare. Ma la mattinata che seguì fu per lei un tormento. Max, Manuela e Valeria si divertirono molto a sguazzare nell'acqua con l'improvvisato amico. Ma Rinaldo rivolgeva la sua attenzione soprattutto a Valentina. Le propose di insegnarle a nuotare. Al suo rifiuto, si rivolse a Max che sembrò gradire molto la lezione di nuoto. E il ragazzino incitò la sorella ad approfittare anche lei di un maestro così esperto, mentre lui, con le altre due, usciva dall'acqua per andare a stendersi sulla battigia.

Le mani di Rinaldo e le parole sussurrate all'orecchio.

«Mi piaci da morire, mi fai impazzire. Voglio incontrarti da sola...».E così via.

Fu l'ultima volta che Valentina si trattenne con i ragazzi ad aspettare l'auto sulla strada di Punta Marina alle 8,30 del mattino. Preferì essere puntuale, prima delle otto, al passaggio della corriera. Max e Manuela, dopo la prima volta, non le fecero domande. Nel frattempo, arrivò agosto e Max andò al mare con Sara, in quel caso, alla spiaggia più frequentata, cioè Marina di Ravenna. Altre volte Cesenatico o Rimini.

Valentina, raramente con loro, il più delle volte a casa. Ma non le dispiacque. Aveva scoperto che la biblioteca comunale restava aperta in estate e quindi si poteva accederle e fermarsi sul posto a leggere o studiare. Era un luogo confortevole e fresco, una costruzione antica, con le pareti spesse, come usavano in passato.

FESTIVAL E COCCARDA

Stella aveva litigato con Fabio, il fidanzato. Lui non era più così assiduo come nel passato. Dopo il primo fervore, la frequenza si era allentata. Fabio, come altri d'estate, chiedeva maggior libertà, era una specie di tradizione, o vizio, comune ai più. Anche Fellini nel film "I vitelloni" lo esalta. La discesa delle valchirie rende gli uomini romagnoli pruriginosi.

E Stella proprio non gradiva quella disparità di diritti e doveri. Quindi, litigio, quasi rottura. Non aveva molte amiche perché, proprio per quel fidanzamento ufficiale, si era isolata: il lavoro di parrucchiera durante il giorno e la sera il fidanzato a casa. Quasi tutte le sere. O uscivano insieme o, quando i genitori erano fuori, si trattenevano nella camera di Stella. Ma si sa, sposati o fidanzati, quando c'è un'intimità fisica totale e la comodità di un luogo sicuro, il rapporto sessuale diventa involontaria routine.

«Esci con me stasera?» Stella chiese a Valentina.

«Per andare dove?».

«All'Ippodromo c'è il Festival dell'Unità».

«Scherzi!? Paolo mi ammazza se sa che ci sono stata».

«Mica deve saperlo. Non ci stiamo molto, voglio solo vedere se ci trovo Fabio».

A Sara, dovette inventare una scusa banale. Un giro in città e poi un gelato. Con Loretta, da tempo, avevano perso quella consuetudine. La sua amica, ormai sempre più sofferente, soggiornava più spesso in montagna piuttosto che in casa propria. L'ultima volta che Valentina era andata a trovarla, il cuore le si era stretto per come era evidente il suo peggioramento. E, ritornata a casa, una volta rimasta sola, aveva pianto.

Festival dell'Unità. Organizzazione grandiosa. Ingresso gratuito per le donne. Al cancello, due uomini mettevano una coccarda con un numero al petto delle ragazze, appena sopra il seno. Valentina non ci fece gran caso. Prima un giro fra i vari stand, più che altro gastronomici, poi fu giocoforza dirigersi alla pista da ballo dove un eventuale, ipotetico Fabio poteva essersi fermato. Ma Fabio non c'era.

Le due ragazze sedettero a un tavolo libero e ordinarono una bibita. Quasi subito, qualcuno le invitò a ballare. Accettarono. E il tempo passa in fretta, specialmente se si vive qualcosa di piacevole e diverso dalla solita routine. Per Valentina momenti perfino trasgressivi.

Inatteso, intorno alla mezzanotte, le si presentò Marpio. Sulla pista da ballo, fino a quel momento, non lo aveva notato. Si rivolse a Valentina, per invitarla a ballare. Sorpresa e titubante, lei accettò. Chissà se l'aveva riconosciuta. Nella vicinanza richiesta dal ballo lento, non poté fare a meno di ricordare l'episodio al circo dell'anno prima. Lei che aveva cercato un contatto fisico con lui. Ora ne era disturbata. Un anno, pareva un secolo.

Il corpo di lui rigido, quasi legnoso. Forse era intimidito e notarlo la sorprese. Qualche parola banale. Come ti chiami, quanti anni hai, accidenti ti credevo più grande. Lui aveva 24 anni e lei 16. Anche Mino aveva 24 anni, anzi adesso venticinque.

Marpio esordì: «Ho una curiosità. L'anno scorso, al circo, sulle gradinate, era un caso o...».

«Non so di cosa parli». Mentì.

«Allora è stato un caso».

E poi a chiederle se e dove andava di solito a ballare, insomma... ci provava.

«Come mai non sei andato a Marina?».

«Stasera sono qui. Ma tu come lo sai che vado a ballare a Marina?».

«Perché hai la faccia di un cacciatore di turiste».

«Magari sono le turiste che cacciano me e io mi lascio cacciare».

Qualcuno la toccò alle spalle, si girò e il sangue le andò in acqua; era Mino.

«Dovrei parlarti » e rivolto a Marpio «ci puoi scusare? È davvero molto importante».

Marpio ebbe una smorfia di disappunto e interrogò Valentina con lo sguardo. Emozionatissima, lei, a sua volta, si scusò. Il brano musicale era quasi alla fine. Mino la prese fra le braccia, ma subito lei capì che non l'aveva interpellata per ballare.

«Non dovrei, ma fa lo stesso, non voglio che ti metta nei guai. Ti sei accorta quante poche coppie sono rimaste in pista? Stanno per eleggere Miss Unità».

Sguardo interrogativo di Valentina che subito constatò che, in effetti, sulla pista erano rimasti in pochi.

«Hanno deciso di eleggere te. Primo, perché sei la più carina, secondo, perché sanno di tuo padre. Quello ti ammazza se domani vede le tua foto sul giornale». Certo, essendo Mino il segretario del PCI giovanile, era stato informato.

Valentina sbiancò e balbettò un grazie. Si precipitò da Stella e la costrinse ad andar via. Uscita dall'ippodromo, le spiegò l'accaduto, ma quella sembrò non capire la gravità del rischio corso. Era contrariata per quella fuga, mentre, disse, stava conoscendo un ragazzo molto interessante.

A casa, Sara l'aspettava in cucina con la luce accesa.

«Ti pare l'ora di tornare, dove sei stata?».

«Lo sai, ero con Stella, siamo andate in centro a prendere un gelato».

Lo schiaffo fu improvviso, quanto esagerato. Era la seconda volta che le metteva le mani addosso. Stava diventando una pessima consuetudine contro di lei che non era più bambina. Per quel gesto che, di nuovo, le bruciava il viso, Valentina odiò sua madre. Ma si sentiva in torto e non reagì.

«Al ritorno siamo passate dall'Ippodromo a curiosare fra gli stand della festa. E... ci siamo fermate per qualche ballo».

La sfidava, così, almeno, lo schiaffo sarebbe stato più giustificato.

«Tu sei pazza, se lo sa Paolo se la prende anche con me». E di nuovo alzò la mano, ma questa volta Valentina, come già la volta precedente, gliela bloccò.

«Forse tu sei mia madre, ma per me, perché lo hai voluto tu, sei Sara. E se Sara prova ancora a picchiarmi, ricordati che, la prossima volta, rispondo».

La scansò e si diresse in camera sua. L'altra interdetta. Valentina tardò ad addormentarsi per quel bruciore al viso, per le parole rivolte a Sara che le erano uscite incontrollate. Più che altro per il ricordo di Mino che aveva inteso "salvarla", dimostrandole di tenere ancora a lei e di voler proteggerla.

SABATO SERA

Il ballo del sabato sera, in Romagna, era quasi un rito in quei primi anni sessanta. Impossibile farne a meno. E Sara, ogni sabato sera, rispettava la tradizione. Con Paolo s'erano accordati di prendersi un sabato per ciascuno. Quando Sara rientrava, come spesso accadeva, intorno alla mezzanotte, quindi non troppo tardi, lui usciva dopo che lei era appena rientrata. Si preoccupavano di non lasciare i ragazzi soli in casa. Soprattutto Massimiliano.

Fu inaspettata una proposta di Sara a Valentina: «Sabato sera ti porto a ballare».

«Come mai? Le tue amiche ti hanno abbandonata?».

Ancora non le aveva perdonato lo schiaffo di qualche sera prima e aggrediva con domande provocatorie.

In un certo senso, Sara tentava un approccio di riappacificazione e, nello stesso tempo, si proponeva di evitare che Valentina andasse a ballare di nascosto. Come quella sera, alla festa dell'Unità.

«Non ho niente di adatto da indossare». La figlia tergiversò, come già altre volte aveva fatto. Era l'alibi più comodo e scontato.

«Hai ragione. Sabato mattina andiamo insieme a comprare qualcosa di carino per te».

Incredibile. S'era forse decisa Sara a comprarle un reggiseno? Ironia inevitabile nei pensieri inespressi.

Promessa mantenuta. Un vestito femminile abbastanza elegante anche se comprato ai grandi magazzini, calze velate, scarpe con qualche centimetro di tacco e... il famoso reggiseno tante volte negato.

Per Sara, la figlia "vestita da donna", fu un boccone amaro da ingoiare. Fu costretta a osservare come in Valentina fosse esplosa una femminilità prorompente. Si sentì combattuta fra l'orgoglio materno (lei che si faceva passare per sorella) e il disagio che ne derivava, come per una regina che teme di essere detronizzata.

Portarla con sé a ballare equivaleva a mettersi a confronto. Ma lo scopo era, più che altro, quello di farle conoscere qualche bravo ragazzo, farla fidanzare, toglierle dalla testa la fisima di studiare e quindi trovarsi un lavoro che fosse utile alla famiglia, oltre che renderla autosufficiente. Ne aveva parlato più volte con Paolo e lui era della stessa opinione. La storia del liceo classico, proprio non gli era mai andata giù. Magari Valentina fosse riuscita a entrare nell'ordine di idee di farsi, al più presto, una famiglia! E il locale da ballo era un luogo ideale, secondo Sara, per favorire certi incontri.

A casa, nel pomeriggio, le insegnò alcuni passi principali di danza. Valzer, rumba, tango. Valentina aveva già avuto qualche utile lezione da Stella e si rivelò abbastanza dotata, così da insospettire Sara. Ma non le fece domande. Pretese che Valentina indossasse subito le scarpe nuove. Per esercitarsi, disse e per adattare il piede. O per martoriarlo prima ancora di soffrire sulla pista da ballo, pensò sua figlia.

Luci soffuse, complesso musicale sopra un palco, una ventina di tavoli ai quali stavano seduti pochi avventori, o donne sole, come nel caso di Sara e Valentina, o coppie di fidanzati. Era un locale con pretesa di una qualche eleganza. Sara lo aveva preferito a un altro molto più popolare e affollato, dove invece era solita andare con le amiche. Ci teneva che Valentina avesse una buona impressione.

Nella stanza accanto, c'era un banco bar. Vi sostavano più che altro uomini, in attesa della musica, prima di muoversi a invitare le donne nella sala.

Valentina notò un viso non del tutto sconosciuto fra i componenti del complesso musicale, quello del batterista, Marco

Due. Infatti, lui cercava di farsi notare mandandole segnali. Finse di non riconoscerlo. Però fu irresistibile trovargli finalmente una somiglianza con qualche attore cinematografico. Forse vagamente Gene Kelly, un attore ormai fuori moda, del quale aveva visto una foto su un rotocalco portato a casa da Sara: il gioco delle somiglianze era per lei una consuetudine.

Non fece in tempo a sedersi, partita la musica, che qualcuno la invitò a ballare. Si alzò, ascoltò banalità, la mano sinistra sulla spalla del ragazzo a bloccarlo se cercava di avvicinarsi troppo.

Anche Sara ballava. Valentina notò che, più o meno, ballava con lo stesso. Più giovane di lei, non tantissimo. Doveva essere l'ultimo innamoramento che le aveva confidato un mese prima. Lui un poliziotto ma, vestito in borghese, bisognava saperlo per individuare la sua professione. Bel poliziotto che se la faceva con una donna sposata, madre di due figli. Ah no, un figlio e... una sorella. Una storia che si sarebbe risolta in delusione come le altre che Sara aveva avuto, nell'illusione di poter rifarsi una vita con un uomo diverso da Paolo.

Eccolo di nuovo: Marpio la invitava a ballare. Non lo aveva notato all'arrivo né visto entrare. Onnipresente o la seguiva? Accettò. Fisicamente non le dispiaceva, o meglio riconosceva che era attraente e si capiva perché la donne gli cascassero ai piedi. Quali donne? Le stupide o le più spregiudicate? Donne come Sara dall'innamoramento facile?

Anche lui, nel ballo lento, cercò di avvicinarla a sé. Di nuovo, la mano sinistra a spingere contro la spalla del partner. In tal modo, ballare diventava una fatica, una sorta di prova di forza.

Marpio le spiegò: «Devi essere più morbida, devi abbandonarti alla musica, è così che si balla».

«Probabilmente non so ballare, o non mi piace ballare... Vuoi che ritorni al tavolo così inviti un'altra?».

«Ci mancherebbe! Io voglio ballare con te, altrimenti non ti avrei invitata. Certo che sei un tipino difficile! Diversa da tua sorella».

«Perché, come sarebbe mia sorella?».

«Voglio dire che lei balla molto bene anche perché va spesso a ballare. Insomma, la vedo spesso. L'ho anche invitata qualche volta. Bella donna, abbastanza più grande di te, direi».

«E sì, visto che è mia madre». Provava un gusto acre nel rivelare il segreto di Sara.

«Ma dai! Mi pareva che avesse diversi anni più di te ma... E perché si fa passare per tua sorella?».

La musica era finita, per fortuna. Dovette riaccompagnarla al tavolo.

Sara le chiese di Marpio. Aveva ballato qualche volta con lui, disse. Bel tipo, molto interessante. Sapeva che di recente aveva trovato lavoro presso un'industria petrolifera. Una paga mensile sicura.

«Sai come lo chiama il padre di Loretta? Sciupafemmine.».

«Sì, ma anche gli sciupafemmine s'innamorano».

Sara le indicò una coppia in mezzo alla pista che si esibiva in evoluzioni da ballerini esperti. Un bel tango figurato, gli altri intorno, facevano ala.

«Vedi quei due, per ballare così bene insieme, bisogna amarsi, altrimenti non è possibile riuscirci».

Marpio era di nuovo a invitarla. Lei si alzò e non rispose alla considerazione di Sara. Che assurdità, stabilire che quei due si amassero soltanto per un tango figurato. Le tornò in mente Marco Rivalta, morto nell'incidente, dietro al suo amico in Vespa. Lui insieme alla bella ragazza bruna sua fidanzata. Mano nella mano... Lei li aveva ritenuti una coppia innamoratissima e perfetta.

Al di sopra della spalla di Marpio, si mise ad osservare i due tanghisti. L'uomo era sulla trentina e non gli trovò somiglianze. La donna di almeno dieci anni più matura. Per la verità, Valentina l'avrebbe definita "più vecchia".

E sì, la ragazzina era cambiata. Come se avesse avuto un suggeritore estraneo a insinuarle pensieri malevoli o rancorosi. Dagli schiaffi, ricevuti da Sara, le era scaturita la voglia di ribellione, facendo e facendosi del male. Pensava che nessuno meritasse fiducia, tutti pronti a prendersi il meglio, per il proprio tornaconto, a scapito di altri.

Marpio le parlava, lei rispondeva distrattamente. Osservava quei due che "si amavano" nel loro ballo figurato.

L'uomo avvertì il suo sguardo e lo ricambiò. Com'è che le venne quell'idea balorda? Di provocarlo con lo sguardo, seguitando a fissarlo ogni volta che la donna girava le spalle? Ciò accadde sempre più spesso, favorito dallo sconosciuto che, nelle evoluzioni del ballo, faceva in modo di trovarsi occhi negli occhi con Valentina. Lei gli accennò un sorriso.

«Secondo te – chiese a Marpio – quei due si amano come pensa Sara?».

«Boh, e che ne so. Sono amanti. Prima di venire qua, li ho visti uscire dall'hotel Corallo. Camminavano abbracciati».

"Forse lei s'illude. Lui ne "approfitta", pensò Valentina, "proprio come il poliziotto con mia madre".

E seguitò quel suo gioco crudele di provocazione a suon di sguardi e sorrisi accennati, rivolti all'uomo "tanto innamorato".

Non durò moltissimo perché la coppia se ne andò e Valentina ritenne di aver perduto la scommessa con se stessa. Aveva inteso dimostrare l'improbabilità di un amore fra quei due. Ma... dopo dieci minuti ecco l'uomo di ritorno. Andò al proprio tavolo a... riprendere l'accendino che vi aveva lasciato di proposito. E, appena il complesso musicale accennò la prima nota di una nuova canzone, l'uomo si affrettò, prima di altri, al tavolo di Valentina e la invitò a ballare.

Lei avvertì lo sguardo di Sara alle sue spalle e provò una sorta di piacere acre di cui non ci sarebbe stato d'andare fiera.

Durante lo spazio di quel ballo, ci furono domande e l'impaccio, nascosto a malapena, di Valentina nelle risposte. Per vincerlo, gli chiese: «Dove hai lasciato tua... moglie?». E già prevedeva la risposta.

Le spiegò, infatti, che non era sua moglie. Un'amica, insomma una relazione passeggera che prima o poi sarebbe finita. In ogni caso, lui non poteva trattenersi oltre quel ballo. L'espediente dell'accendino dimenticato poteva funzionare entro certi brevi limiti di tempo.

«Sono tornato per te. Mi hai colpito, sei molto carina e poi hai quello sguardo ingenuo e malizioso che fa davvero perdere la testa. Ti voglio rivedere».

Le spiegò che sarebbe tornato da solo il sabato successivo. Da Genova, dove viveva. Appuntamento a qualsiasi ora lei avesse voluto. Di mattina? Di pomeriggio?

«Pomeriggio».

«Guarda, non farmi un bidone. Non te lo perdonerei. Vengo apposta per te e faccio in treno un bel po' di chilometri».

Le spiegò che l'auto non era sua, ma dell'amica. Un gigolò, pensò Valentina.

Perché mai accettò l'appuntamento? Per dimostrare che quei due non si amavano, per smentire Sara e per... dare una lezione a chi approfittava delle donne stupide che gli credevano? Quasi a voler vendicarle. In fondo, rifletté, anche Marpio era un individuo di quel genere, ma in tono minore. Lui collezionava donne che non stimava, per semplice piacere fisico e per divertimento. Non per soldi. Valentina era davvero convinta che il genovese fosse uno che si faceva mantenere da donne più mature e ricche.

Il sabato successivo, nel primo pomeriggio, come aveva stabilito, descrisse l'uomo a Max e alla sua amichetta e li mandò alla stazione a verificare se davvero quello fosse arrivato a Ravenna. E fu così. I ragazzi lo videro camminare nervosamente, su e giù nell'atrio e fuori della stazione, fumando più d'una sigaretta. Una dopo l'altra.

Il sabato sera, Valentina cercò di trovare una scusa plausibile per non andare a ballare con Sara. Temeva di ritrovarsi davanti il gigolò, così lo aveva ribattezzato dentro di sé. Fu poco convincente. Alla fine, col gusto amaro della rivalsa, raccontò tutto a Sara che l'ascoltò allibita. E anche lei, quella sera, preferì restare in casa, a scanso di equivoci. Poiché quello le aveva viste insieme, l'avrebbe di certo riconosciuta.

Non riuscì a controllare il disappunto: «Con te non si può mai stare tranquilli, una ne fai e cento ne pensi. È rischioso portarti a ballare. D'ora in avanti, hai il permesso di andarci di pomeriggio, qualche volta, con le tue amiche. Se ne hai ancora, di amiche. Con me hai chiuso».

Frase crudele. Loretta, da molti mesi ormai, era peggiorata e non usciva più di casa se non per partire verso quel soggiorno in montagna che si dimostrava sempre più inefficace.

DAFNE SOTTO CASA DI LORETTA

Aveva saputo, dalle solite voci del vicinato, che Loretta era tornata a casa. Prima del previsto. Sussurravano che le cure s'erano dimostrate inutili e che fosse peggiorata.

Valentina, col cuore raggrinzito come un agrume spremuto, non aveva il coraggio di andarla a trovare. Le ultime volte che s'erano viste, Loretta le era apparsa ancora più smagrita e pallida. Sofferente. Eppure ansiosa di conoscere tutti i fatti aggiornati, relativi all'amica. Un modo per illudersi, sentendosi partecipe, di essere più sana e normale.

Non sempre Valentina aveva argomenti abbastanza interessanti da riferirle. A volte li inventava. Le raccontava di Marpio che s'era fatto più insistente e spesso se lo vedeva apparire nelle occasioni più impensate. Quasi fosse un caso, ma un caso non era. Loretta a raccomandarle di non lasciarsi confondere da quell'individuo così poco raccomandabile.

Le aveva anche raccontato l'episodio del gigolò di Genova, arricchendolo di particolari. E Loretta s'era divertita, immaginandolo in attesa davanti alla Stazione, intento a fumare rabbiosamente sigarette.

«Ben gli sta» aveva commentato «i tipi come quello meritano una lezione».

Allora, per lei, anche Marpio avrebbe meritato una lezione? Glielo chiese.

«Sì, anche Marpio. Ma è troppo pericoloso perché vivete nella stessa città. E non è nemmeno uno che si fa prendere in giro. Semmai è lui che s'approfitta e si diverte a giocare con le ragazze. Prenderle e lasciarle per lui è un gioco».

Chissà dove raccoglieva tutte quelle informazioni e convinzioni. E adesso Loretta era tornata dal suo ennesimo viaggio della speranza.

Alla fine, Valentina dovette decidersi. Un venerdì pomeriggio, verso le quindici. Era l'ora in cui erano solite ritrovarsi, dopo un pasto veloce, sempre arrangiato e le varie incombenze che Valentina doveva sbrigare in casa, prima che Paolo e Sara rientrassero.

Tra la sua abitazione e quella di Loretta, cinquecento metri, non di più. Una strada sterrata da attraversare.

Fu in quel tratto che rivide Dafne pedalare lenta sulla bicicletta. La chiamò. Strano che anche stavolta non l'avesse sentita, quasi volesse evitarla di proposito. La rincorse, ma quella accelerò l'andatura. Forse era semplicemente distratta, immersa nei propri pensieri. Così come già era successo una prima volta, qualche tempo prima.

Tornata indietro, Valentina entrò nel portone della palazzina dove abitava la sua amica. Al secondo piano, due donne, inquiline di appartamenti dirimpettai, sussurravano fra loro. Si zittirono, vedendola. Al terzo piano, dove abitava Loretta, anche là due porte aperte, una di fronte all'altra. Alcune persone silenziose che s'erano ammutolite sentendola salire.

Valentina si fermò sul pianerottolo, le prese il tremito. Forse capiva, ma non avrebbe voluto capire. Chiese senza voce, con il solo sguardo e quelle accennarono una risposta di assenso con occhi rivolti al cielo.

Era smarrita, intestardita a non voler capire.

«È successo stamattina – sussurrò una voce – Il cuore ha ceduto».

Appena diciotto anni e Loretta se n'era andata. Insopportabile senso di colpa per non essere venuta qualche giorno prima, magari a inventarle un episodio che la facesse sorridere.

Impensabile entrare. Vedere il corpo di Loretta immobile, freddo e senza vita. Un corpo che non era più Loretta. Impossibile incontrare quei genitori e quella sorella. Le mancava la forza. Girò le spalle e scese le scale a precipizio. Se almeno

Dafne si fosse fermata... Se l'avesse aspettata... Se.

Sperò disperatamente di vederla tornare, andando con lo sguardo oltre la linea della strada su cui l'aveva vista allontanarsi. Ancora sperava di farle arrivare il suo richiamo. La desiderò vicina come non mai.

LUNGO L'ARGINE DEL SENIO

Furono giorni molto difficili per una Valentina irriconoscibile. Cupa. Demotivata. Svogliata. Ogni azione soltanto per dovere. Perfino la scuola e lo studio. Un calo in ogni materia, escluso l'italiano scritto. Per quel nove sul foglio protocollo ripiegato in due, i compagni l'additavano fra loro, chiedendosi che cosa mai avesse scritto per meritare un voto così alto. Ridacchiavano invece per le insufficienze che cominciavano a fioccare nelle altre materie. Commentavano che chi troppo si loda poi s'imbroda. Sentenza volgare ma tipica dell'ambiente. Non avevano simpatia per lei. I maschi perché non li degnava di uno sguardo, le femmine per rivalità e invidia. Lei sembrava indifferente ai commenti, alle allusioni dei compagni e anche ai richiami degl'insegnanti che non capivano quel calo di profitto. I professori, in quegli anni di scuola, non avevano mai incontrato i suoi genitori. Lei era sempre stata così diligente e preparata che non avevano ritenuto di chiedere la loro presenza ai colloqui. Adesso, invece, li sollecitarono. Senza risultato. Valentina intenta a rivivere nei pensieri i momenti trascorsi con Loretta, a rimpiangerla, a condannarsi per averla trascurata negli ultimi tempi. Per essere rimasta in disparte, in Chiesa, durante la cerimonia funebre. Le sembrava di averla, in qualche modo, tradita.

Aveva mandato dei fiori, sottraendo soldi alla già modesta cifra che Sara le assegnava per la spesa alimentare del mese. Avrebbe cercato di risparmiare al massimo, rinunciando al panino all'olio, a metà mattina, nell'intervallo a scuola. Un semplice panino, nudo e crudo, senza ripieno.

Una volta che era uscita da casa, senza un minimo di colazione, fu colta a scuola da un malore e, da come i compagni e le custodi la guardarono, capì che la credevano incinta. In altri tempi, con Loretta, si sarebbero fatte una risata.

Era diventata indifferente a tutto. Per questo non si era resa conto di aver incontrato Marpio con maggior frequenza, negli ultimi tempi. Un saluto a distanza, appena un cenno. Quegli incontri, apparentemente casuali, in altre circostanze, l'avrebbero insospettita.

Il pomeriggio, dopo aver sistemato la cucina, spesso usciva. A piedi, perché d'inverno non è davvero indicato, in Romagna, andare in bicicletta. Freddo e nebbia. Indumenti e capelli bagnati. A volte la nebbia era così fitta che non si riconoscevano le persone a due metri di distanza. Proprio questo Valentina andava cercando. Passare inosservata. Nebbia fuori e nebbia dentro. E gelo fino al cuore. Avrebbe voluto raccontare, a qualcuno, di Loretta e di quanto dolore la sua morte le avesse procurato. Ma non c'era qualcuno, fra i suoi conoscenti, che la incoraggiasse a quella confidenza. Dafne sì, sarebbe stata la persona giusta, ma non sapeva dove rintracciarla. Sospettava che non avesse un'abitazione propria, che fosse una specie di vagabonda che vive ospitata da uno e dall'altro amico o conoscente. Questa era la supposizione di Valentina.

A marzo, cominciarono giornate più luminose e meno angoscianti. Era riuscita a rimettersi in pari con le materie insufficienti. L'orgoglio aiuta e la forza di volontà lo segue. La sufficienza poteva bastare per superare decentemente l'anno scolastico.

Proprio in un pomeriggio di marzo, durante una delle sue camminate, senza meta, la Lambretta di Marpio le si affiancò.

«Non ti ho più vista a ballare».

«Non vado più a ballare, non m'interessa».

«Sei sempre così scontrosa?».

«Soltanto quando mi fanno una domanda stupida».

«Mi devo offendere?».

«Non voglio offenderti, è che non ho voglia di chiacchierare».

«Ti piacerebbe guidare la mia Lambretta?».

«Non so guidarla». Una stretta al cuore nel ricordo dell'episodio del Mosquito con Loretta due anni prima.

«Ti posso imparare». Uno dei tanti strafalcioni che costellavano i suoi discorsi. Per Valentina, come un gesso che stride sulla lavagna.

«Anche se tu m'insegnassi, a che mi servirebbe imparare?».

Aveva composto la frase in modo corretto così da fargli capire l'errore. In seguito, avrebbe scoperto quanto fosse inutile cercare di modificare quel suo linguaggio sgrammaticato. Forse lui lo ostentava di proposito, proprio per non assoggettarsi alle imposizioni di chi si ritiene istruito e magari è scadente in altri settori.

«Può sempre servirti, non si sa mai. Magari, qualche volta, potrei imprestarti la mia Lambretta».

«E tu? Andresti a piedi, magari correndomi appresso?».

E lui accomodante: «Vieni a fare un giro con me? Intanto guido io che so portarla bene... così ci pensi».

Perché mai accettò? Se lo sarebbe chiesto molte volte, senza riuscire a darsi una risposta precisa. In realtà, lo fece per trasgredire a certi principi, o norme di prudenza. Soprattutto per farsi del male, commettendo un'azione scriteriata. Ancora nella mente le parole di Loretta: "Se lo meriterebbe..". Soltanto che la frase s'era conclusa mettendola per l'ennesima volta in guardia: "... non è tipo da farsi prendere in giro...".

Sarebbe bastato un attimo in più di riflessione. Ma, a volte, si compiono azioni senza esserne convinti, facendosi trascinare dalle circostanze. E Valentina altro non chiedeva se non di svuotare la mente da certi pensieri ricorrenti che le si presentavano martellanti.

Abbracciata al torace di Marpio, ne avvertiva la muscolatura asciutta. Era davvero magro, pensò, a vederlo vestito non sembrava. Il vento le scompigliava i capelli e aveva freddo alla schiena. Che stupida a lasciarsi convincere.

La Lambretta viaggiava al massimo delle sue possibilità, quasi Marpio volesse dimostrarne la potenza, nemmeno fosse stata truccata.

Si rese conto che stavano uscendo dalla città per alcuni chilometri.

Gli gridò: «Dove stai andando?».

«Siamo arrivati». E, infatti, poco dopo si fermò, nei pressi dell'argine del Senio.

Scesero. Valentina sulla difensiva. Le chiese se fosse mai stata da quelle parti. Lei negò. Mai avuto un ragazzo? No, mai avuto. La teneva per mano e lei si lasciò guidare da lui e dagli eventi. Dopo la morte di Loretta, provava una sorta di rassegnazione, d'inerzia. Lui trasse dal portapacchi dello scooter un plaid ripiegato, un accessorio predisposto all'occorrenza.

Dietro l'argine, al di sotto del canneto, col fiume a pochi metri, Marpio stese il plaid per terra, si sedette e la invitò a fare altrettanto. Gli precisò che si stava facendo tardi e sarebbe stato il caso di tornare. Però sedette. E fu allora che Marpio l'abbracciò e la baciò. Perché rispose al bacio? Vero che siamo fatti anche d'istinto, ormoni e feromoni, ma Valentina, ricambiando il bacio, non fu travolta da una particolare passione, semplicemente si lasciò andare. Il bacio non le dispiacque, tantomeno la disgustò, come le era accaduto con Marco Uno, ma nemmeno la entusiasmò. Semplicemente lo accettò. Era convinta che qualunque ragazza avrebbe fatto carte false per trovarsi al posto suo e questo, in un certo senso, lusingò la sua vanità. Poi ci fu un gioco di mani. Le carezze. Viso, capelli, seno. Le aveva tirato giù lo zip della giacca a vento. E annaspava a cercare quella dei pantaloni cosiddetti "a sigaretta", massimo della stravaganza per una ragazza nei primi anni sessanta. Si sentì sollevata per non aver indossato la gonna, quella manovra, con i pantaloni, diventava più complessa.

All'improvviso, fu come risvegliarsi. Non era quel genere di ragazza. Non voleva diventarlo. Una delle tante nel carniere di Marpio. Una turista che scende dal nord per vivere l'avventura col maschio italiano. La sua prima volta non poteva andare sprecata così. Se aveva potuto ipotizzare di "buttarsi via", adesso, il buonsenso, e le regole morali che s'era sempre imposte, ebbero il sopravvento. Si divincolò, lo respinse. Per lui, invece, sembrò essere un incitamento a insistere. E allora Valentina cominciò urlare, con una voce stentorea che non si riconobbe.

«Non voglio, lasciami stare. Lasciamiii....».

Lui come niente fosse. Gli morse le labbra, cercò di graffiarlo. Lo colpì al viso con il pugno chiuso.

«Non immaginavo che le ragazze tu le violentassi».

Ci sono parole che, espresse al momento giusto, nel modo giusto, hanno forza e potere più di qualsiasi gesto o azione.

La lasciò libera. Era stupito. Anzi indignato.

«Non ne ho mai violentata nessuna. Le ragazze fingono spesso di non volere, per essere più eccitanti. Invece, ci stanno più che volentieri. E purtroppo, dopo, non ti si spiccicano più di dosso».

«Io non sono quel genere di ragazza. Certe cose non le ho mai fatte e non voglio farle adesso con te. Ti conosco a malapena. Anzi, ti conosco solo di fama».

«Perché sei venuta qua con me? In questi posti ci si viene per infrascarsi».

«Qui, mi ci hai portata tu. Non credevo che saresti arrivato fin qua».

Come spiegargli che lei aveva soltanto sperato di poter annegare, nel fiume, un dolore insopportabile. Insomma, distogliere quei pensieri tormentosi che le trapanavano il cervello. Ma lui non avrebbe mai capito. Fu, in un certo senso, corretto. Si ricompose e la invitò a risalire l'argine.

«Ti riporto là dove ti ho incontrata».

Un comportamento che segnò un punto a favore di Marpio e ridimensionò in Valentina l'episodio precedente, per quanto grave fosse stato. Giunti a destinazione, lei scese e lui si limitò a dire un "ciao" per poi sgassare e ripartire. Valentina s'incamminò verso casa, si sentiva tutta indolenzita. Muscoli e pensieri. Marpio, nel frattempo, aveva fatto manovra d'inversione, tornando indietro e affiancandola di nuovo.

«Quando ti rivedo?».

Davvero incredibile la sua spudoratezza. Non bastò la risposta del suo sguardo a incenerirlo. Anzi si mise a ridere.

«Senza Lambretta » precisò. «Magari per un cinema, oppure a ballare. Non ti porterò sull'argine finché non me lo chiederai tu».

«Tu sei tutto fuso».

Però il tono di voce adesso le era diventato meno stonato. Quanto bastava per fargli capire che non gli avrebbe serbato rancore a lungo. In fondo, è vero, era stata lei ad accettare l'invito, a salire dietro di lui sulla Lambretta. Lo salutò con un cenno della mano.

Se ci fosse stata ancora Loretta, sarebbe corsa a casa di lei a raccontarle tutto, a prendersi i suoi rimproveri e magari per ricevere qualche bonaria parolaccia.

A BOLOGNA CON SARA

Da qualche mese Sara non stava bene. Cose di donne, avrebbe detto sua madre, se fosse stata viva. Ma di frequenti emorragie si può anche morire. Lei aveva cercato di tamponare il rischio con palliativi. Ora, la diagnosi di fibromatosi emorragica rappresentava per lei il dramma di una mutilazione molto penalizzante. Una donna giovane e bella, molto concupita e spesso innamorata. Difficile assoggettarsi all'intervento chirurgico di quel genere. Equivaleva alla rinuncia della propria femminilità. Isterectomia totale. Sara si angosciava al pensiero di perdere la bellezza, di invecchiare precocemente, di diventare grassa, a causa della carenza ormonale. Pianse molto, confidandosi con Valentina. La figlia non seppe trovare parole d'incoraggiamento. Che ne sapeva lei di utero, ovaie e di... difficoltà all'orgasmo? Provava molta pietà per sua madre perché conosceva quanto la fisicità contasse per lei, ma non riusciva a rendersi perfettamente conto di certe conseguenze paventate da Sara. Colse l'opportunità di qualche domanda, chiese spiegazioni e le ebbe. Seppe finalmente della verginità anatomica e di come si resti incinta e si partorisca. Fu grata a se stessa per non essersi concessa a Marpio.

Ma la decisione di sua madre, di farsi operare a Bologna, la disturbò. Niente da dire sulla scelta del ginecologo, primario di una clinica privata del capoluogo. Però... strana coincidenza, a Bologna viveva anche l'amico poliziotto di Sara. E Sara probabilmente contava sulla sua presenza e conforto morale, se non proprio assistenza pratica. Speranza che si rivelò subito molto infondata. Del resto, come biasimarla del tutto se si aggrappava a quell'illusione? Sull'appoggio di Paolo non poteva contare. Niente gl'importava se la moglie fosse stata... — una volta gli era sfuggita quella definizione terribile — castrata. Marito legittimo, ma non più di fatto. Eppure si prestò per la prima notte di assistenza, dopo l'intervento chirurgico.

La mattina seguente, tornato a Ravenna, non profferì parola e, a casa, si diresse in camera per dormire. Fu Max a rincorrerlo.

«La mamma come sta?».

Bofonchiò: «Bene... bene... l'operazione è andata bene». E aggiunse: «Io non ci sono per nessuno, lasciatemi dormire finché ne ho voglia. Al lavoro ho preso due giorni di permesso».

Freddo nel cuore di Valentina. Per quanto Sara fosse stata una madre discutibile, perderla le avrebbe procurato un dolore insopportabile. Dopotutto, era sua figlia e grazie a lei era venuta al mondo. Il pensiero le corse a Dafne. Sempre, in certi frangenti tragici, pensava a lei. La invocava, come unico conforto. Però reagì preoccupandosi di Sara, sola, in una Casa di cura a Bologna. Per qualunque necessità, a chi si sarebbe rivolta? In casa, non c'era telefono e qualsiasi urgenza, o comunicazione, sarebbe arrivata in ritardo. Così, si decise. Ne parlò con Max.

«Io vado a Bologna a vedere come sta la mamma».

Il ragazzino approvò in pieno. Pochi soldi sottratti a quelli per la spesa alimentare. Raccomandazioni a Max, dopo avergli suggerito le parole per il padre al suo risveglio. Per i pasti... insomma, dovevano arrangiarsi. Max avrebbe potuto chiedere ospitalità al suo amico Lucio o, perché no, alla madre di Manuela. Per Paolo, nessun problema: mensa aziendale e un panino la sera al bar.

Da Ravenna a Bologna, poco più di un'ora di treno. Arrivò verso mezzogiorno. Gran caldo e sete e anche languore di stomaco. Non aveva portato con sé indumenti di ricambio, proprio non ci aveva pensato. Sara fu meravigliata, vedendola entrare nella sua stanza, in clinica. Una camera singola...

non si sa per quale contributo economico e di chi. Forse una concessione dello stesso primario ginecologo che l'aveva seguita fin dall'inizio della malattia. Il fascino di Sara era talmente irresistibile da ottenere privilegi nonostante "quella" patologia penalizzante.

Chiese alla figlia di restare. Estate, gran caldo, sete e anche fame. Sara avrebbe cominciato ad alimentarsi, il giorno seguente. Mela cotta e semolino scondito. Valentina chiese se l'acqua del rubinetto era potabile. Almeno bevve. C'erano dei biscotti nel cassetto del comodino e ne prese uno. Flebile la voce di Sara.

«Non hai mangiato...».

Un'infermiera pietosa, le procurò del cibo, risultato in più nella distribuzione del pasto ai degenti. Valentina ne avrebbe anche fatto a meno, se si fosse potuto sopravvivere digiunando. Non voleva svenire, come le era capitato a scuola, proprio quando doveva rendersi utile a sua madre. La notte, troppo caldo in poltrona. Dormì qualche ora, sdraiandosi sul pavimento. Furono giorni torridi nella torrida Bologna di metà luglio. Fuori quaranta gradi all'ombra. L'asfalto si scioglieva. Un'amica di Sara, venne a trovarla in compagnia di un uomo che, dopo, Sara spiegò alla figlia essere l'amante dell'amica, sposato e con figli. Lei nubile e sulla quarantina, lui cinquantenne.

I due si resero conto della difficoltà in cui stava trovandosi Valentina. Offrirono il loro aiuto per darle il cambio, nelle ore diurne. Ma dove mai sarebbe potuta andare Valentina, nella calura estiva, con quell'unico vestitino che si ritrovava addosso? Aveva lavato la biancheria intima, un semplice paio di mutandine, al lavandino in camera, con la saponetta per le mani. E dormito con il solo vestito. La notte successiva, aveva lavato il vestito, risultato poi sgualcito, dormendo in mutandine e una maglietta di sua madre, da lavare successivamente.

Fu sorprendente e provvidenziale l'aiuto dell'uomo, amante di Marisa, così si chiamava l'amica di Sara. S'era reso conto della situazione e probabilmente era anche economicamente benestante. Tornò solo e, invece che dolcetti o cioccolatini, portò frutta e un pacco con biancheria di ricambio. Dentro il pacco, aperto appena lui fu uscito, c'era anche un vestito di cotone leggero, molto semplice con i laccetti alle spalle, tipo prendisole. Per Valentina.

Prima di andarsene, le aveva informate di aver preso accordi con la trattoria nei pressi della Casa di Cura, per il pasto di mezzogiorno, finché la ragazza si fosse trattenuta a Bologna. Per la spesa, aveva anticipato alcuni pasti e poi avrebbe saldato il conto alla fine della permanenza. Un accordo con la padrona della trattoria, a quanto pare molto disponibile.

Valentina si vergognò come un'infame. Aggredì Sara, quando furono sole.

«Ma non si può! È come un'elemosina».

La madre, invece, aveva ringraziato con un sorriso, come fosse stato tutto naturale e dovuto. Le spiegò che quell'uomo era molto ricco e quindi poteva anche permettersi di dare una mano ad un'amica.

«Amica? Da quando sei sua amica?».

«Da quando si è dimostrato amico più di quanto non lo sia Marisa che non s'è fatta più vedere».

Dopo dieci giorni di degenza, Sara sarebbe stata dimessa. Era molto deperita. Pallida e anemica. Sarebbe venuto Paolo a prenderla con un taxi. Sara pretese che Valentina partisse due giorni prima, in treno, così da predisporre la casa, per il suo ritorno. Alla figlia sembrò una proposta egoistica oltre che scriteriata, ma non fiatò.

La prospettiva del viaggio in treno, con quel caldo torrido, e poi da sola, le procurava una certa agitazione. Dopo una settimana di assistenza a sua madre, il vestito con cui era partita da Ravenna le ballava addosso.

Alla biglietteria, però, notò l'impiegato. Strana, nel disappunto di quel viaggio impostole da Sara, l'attenzione su di lui. Bello, pensò. Molto bello. Anzi sorprendente dietro uno sportello a consegnare biglietti. Le ricordava Montgomery

Clift, il suo attore preferito. Non rifletté che i suoi pensieri erano simili a quelli che si intuivano negli sguardi maschili quando sostavano su lei. Considerò invece che, se la bellezza dell'asino svanisce verso i vent'anni, quella del bigliettaio, che doveva avere qualche anno di più, era autentica. Le molte notti insonni confondono la mente. Sono tossiche quanto uno stato di ubriachezza. E il caldo, i pasti saltati, le nottate sul pavimento duro, forse nemmeno tanto pulito... In stazione, ai binari, aveva la testa vuota e si confuse. Non realizzava quale fosse il binario giusto.

La pensilina era quasi deserta, si rivolse all'unico presente: un giovane in divisa militare. Gli chiese indicazioni. Andò con lei a consultare la tabella con l'orario ferroviario delle partenze e l'accompagnò al binario. In realtà, lui si sarebbe dimostrato, poco dopo, molto sprovveduto e incapace, più della stessa Valentina. Nel breve tragitto, il ragazzo in divisa tentò un dialogo d'approccio. "Possibile che gli uomini non sappiano fare altro che provarci?" Era troppo demoralizzata per reagire, come era solita in simili occasioni. E poi era stato gentile a restare con lei fino all'arrivo del treno.

Si dimostrò molto loquace, parlava e parlava, ma forse era soltanto un modo di vincere la timidezza.

«Se mi dà il suo indirizzo, potrei scriverle...».

Dato che Valentina non lo assecondava, si presentò e le chiese il suo nome. Non fu una risposta immediata. Un impulso imprevedibile e irrazionale, le suggerì uno escamotage che le sembrò divertente. Gli diede un nome e un indirizzo, non il suo ma quello di una compagna di classe. La meno simpatica, quella che la squadrava con sufficienza e parlottava con le altre alle sue spalle. Chi lo sa, magari poteva essere il modo di procurarle un'opportunità gradevole.

Stretta di mano prima di salire sul treno. Trovò posto a sedere nel secondo vagone. Di fronte a lei una donna sulla cinquantina, soprappeso, dal viso sudato e non solo. Era comprensibile che quello scompartimento fosse semivuoto per via dell'odore che non era profumo e si avvertiva subito entrando. Valentina, ad ogni modo, preferì trovarsi insieme ad una persona di sesso femminile, anche se maleodorante, piuttosto che rischiare fastidi di tipo diverso. Poco dopo, entrò il controllore. Gli porse il biglietto. Chissà a chi avrebbe attribuito la responsabilità di quell'aria pesante.

«Signorina, ha sbagliato treno, questo non va a Ravenna ma a Ferrara».

All'improvviso, panico e disperazione.

«Oddio, adesso come faccio...».

«Alla prima stazione di fermata, scenda. Magari trova un treno che torna a Bologna. Per Ravenna non so se a quest'ora ce ne sono».

Scese. Al tavolino esterno al bar della piccola stazione di paese, alcuni uomini giocavano a carte. Spiegò che doveva tornare a Bologna, che aveva sbagliato treno. La guardavano come fosse stata una mentecatta. L'apparente disinvoltura poteva essere fraintesa. Quanti potevano capire la sua disperazione? Il più giovane, si alzò.

«La porto io a Bologna. In Lambretta».

Ricordi poco rassicuranti di una Lambretta del passato. Imprudenza e un'incognita sospetta. Ma stava scendendo la sera e la prospettiva di restare in un'angusta saletta d'attesa, magari tutta la notte, la spaventava ancora di più. Accettò e ringraziò.

L'uomo le chiese dove avrebbe dovuta lasciarla. Pronunciò il nome della Casa di Cura e lui si girò a guardarla stupito.

«C'è mia madre ricoverata là e credo che si preoccuperà molto, quando le diranno che non sono arrivata a Ravenna».

«Ma quanti anni hai?» chiese lui, passando al tu.

A volte conviene diminuirsi l'età: «Quindici anni». C'è chi se la aumenta e c'è chi crede di avvantaggiarsi, togliendosi un anno. Sara, sua madre, anche più di un anno.

«Ce l'hai il ragazzo?».

Valentina negò.

«Mai fatto l'amore?».

Altro diniego e un brivido freddo lungo la colonna vertebrale.

«Un fiorellino da cogliere» commentò lui.

In certi frangenti, non si sa a quale santo rivolgersi. Eppure alle labbra sale un'invocazione o qualcosa di simile. Come se Dio non avesse altro da pensare che alle ragazzine sprovvedute.

«Spero non per strada o sopra un prato».

«Cosa vorresti dire?».

«Soltanto che spero tanto di arrivare in tempo a rassicurare mia madre, prima che faccia buio del tutto. Per il resto non si sa». E imbastì altre parole con lo scopo d'illuderlo che, forse, seguito, chissà. In modo da distoglierlo da certi propositi immediati. Fu attenta a non farsi sfuggire che avrebbe lasciato Bologna due giorni dopo. Fatto sta che lui guidò fino alla clinica. Quasi non le sembrò vero. Forse s'era fatto degli scrupoli o l'inesperienza di lei gli aveva fatto tenerezza o compassione. O, forse, il buonsenso gli aveva ricordato che c'erano altri avventori, al bar della stazione, che lo avevano visto partire con la ragazza. Valentina lo ringraziò frettolosamente e lo lasciò seduto sulla sua Lambretta, probabilmente incredulo o pentito. Non gli aveva dato alcun riferimento o recapito o indizio qualsiasi e non aveva chiesto alcuna informazione su di lui. Nemmeno il nome.

Non ebbe il coraggio di spiegare a Sara che aveva sbagliato treno. E neanche le raccontò il modo fortunoso del ritorno. Né l'altra glielo chiese. Valentina non voleva passare per una stupida, una sprovveduta che nemmeno sa leggere un orario ferroviario. Improvvisò una spiegazione struggente e abbastanza "ruffiana":

«Non me la sono sentita di lasciarti qui sola per due notti intere».

E Sara, debole e debilitata dall'intervento, ebbe lacrime facili.

Quale impulso scatta nella mente di una sedicenne per reazione al pericolo scampato? Per Valentina, un senso di onnipotenza e di spregiudicatezza. Ragioni superficiali che nascondevano ben altri desideri: vivere, amare, essere amata. Tutto ciò che lei respingeva e negava a se stessa. Telefonò, quindi, alla biglietteria della stazione di Bologna. S'era preparata tutta una strategia di parole. Chiese dell'impiegato allo sportello n. 4, quello che consegnava i biglietti nel pomeriggio del giorno prima.

«Il mio collega... può trovarlo dopo le due. Chi parla? Posso esserle utile io?».

«Il fatto è che ieri pomeriggio ho lasciato il portamonete sulla mensola della biglietteria. Può darsi che lui lo abbia trovato e messo da parte».

La voce maschile al telefono le spiegò che in quei casi, piuttosto rari, l'oggetto dimenticato passa all'ufficio oggetti smarriti.

«Ad ogni modo, se vuole parlare con lui, chiami nel pomeriggio».

«Può dirmi come si chiama?».

«Io o lui?» scherzò il suo interlocutore.

«Il suo collega. Per chiedere di lui direttamente».

«Posso dirle soltanto che si chiama Francesco».

Sembrava divertito. Lo ringraziò e interruppe la comunicazione. Il conto alla trattoria, in previsione della sua partenza, era stato saldato, quindi chiuso. Valentina s'accontentò di quanto era riuscita a racimolare la solita infermiera. Sperò che non fossero avanzi di una qualche paziente. Del resto, non aveva appetito, era agitata al pensiero della prossima telefonata. Temeva di non risultare credibile, o di non saper incuriosirlo al punto da fargli chiedere d'incontrarla. Però ci sperava. Essere in una città che non era la sua, lontana dalla curiosità malevola, le favoriva una certa intraprendenza.

Telefono a gettoni, fuori della clinica. Chiese di Francesco. Era ad uno sportello diverso, ebbe timore di aver sbagliato persona. Però riconobbe la voce per come la ricordava alle poche parole pronunciate all'acquisto e consegna del biglietto.

Gli ripeté la storiella del portamonete smarrito. Naturalmente, Francesco negò di averlo visto. E sì, ammise di ricordarsi di lei. Quella bella ragazza dal vestito fantasia, giallo e ruggine. L'aveva, quindi, notata. Qualche altra parola confusa, poi si decise a spiegargli del treno sbagliato, del ritorno forzato a Bologna, della prossima partenza e del grande rammarico di non aver potuto visitare la città. Oppure... un segno del destino?

«Io domattina sono libero e... disposto a farle da cicerone. Se... si fida di me».

«Certo che mi fido».

Esultava, ma cercò di contenere la contentezza nella voce. Concluse: «Anzi la ringrazio molto».

Gli spiegò dove si trovava. Lui le diede un riferimento nelle vicinanze della clinica. Valentina euforica. E di nuovo quel senso di onnipotenza. Forse la bellezza dell'asino aveva dei lati positivi.

Caldo infernale per le strade di Bologna. Difficile perfino apprezzarne le bellezze. Francesco le illustrava, le indicava, ma poi rinunciò a quella specie di marcia forzata e decise di prendere un autobus che portava ai Giardini Margherita, un ambiente naturale, molto poetico e suggestivo e soprattutto fresco. Sul mezzogiorno, cedettero alla stanchezza e si sedettero sopra una panchina all'ombra di un platano, a sbocconcellare un panino comprato a un chiosco vicino. Bevvero ad una fontanella del parco. Anche lui piuttosto squattrinato non poteva permettersi d'invitarla a pranzo. Viveva da tre anni a Bologna. Solo. In un miniappartamento, la famiglia lontana. Di Lecce, quindi pugliese. Le parlò della sua città, di come avesse vinto il concorso in ferrovia. E di come, in Emilia, si sentisse ancora abbastanza spaesato. Infine le chiese l'età e Valentina fu sincera. Sedici anni.

«Oddio...» esclamò lui. «Pensa che io ne ho ventisei, rispetto a te sono un vecchio». Fino a un attimo prima le si era rivolto con il "lei". Cambiò tono e diventò quasi paterno.

«Adesso capisco perché sei così imprudente. Inesperienza, immaturità. Ti consiglio di stare più attenta, di essere meno impulsiva. Io sono una persona tranquilla e perbene. Ma sarei potuto essere una specie di maniaco. Dottor Jekyll e mister Hyde. In giro ce ne sono, non ti credere».

Quasi per vantarsi, gli raccontò del passaggio in Lambretta, con lo sconosciuto della sera prima. L'uomo che molto probabilmente sarebbe stato tentato di approfittare di lei.

«Beh, ragazzina, t'è andata proprio bene».

Gli parlò di sua madre, dell'operazione, di Paolo che non era suo padre. Di quel qualcuno mai identificato che aveva messo incinta sua madre a quindici anni. Era la prima volta che si confidava. E perché mai? Proprio perché riteneva che mai più lo avrebbe incontrato. Lo vedeva bello, anzi bellissimo, ma anche a lei quei ventisei anni sembravano davvero tanti. E tuttavia lo beveva con gli occhi. Le sarebbe piaciuto dirgli: "amami e fammi innamorate di te". Se soltanto fosse stata più folle di quanto non lo era stata fino a quel momento.

Fu lui a chiederle l'indirizzo di Ravenna, oltre al nome. Promise di scriverle. A lui poteva indirizzare direttamente alla biglietteria. Nome e cognome. Più che sufficiente. Prudenza o diffidenza? Dubitava di se stesso o di lei?

Salutandolo, le sembrò di perdere una persona molto cara. Nello stesso tempo, provò, per la prima volta, una sensazione di leggerezza. La leggerezza del vivere, senza il tormento del giudizio malevolo degli altri.

Le avrebbe scritto pochi giorni dopo. Una lunga lettera, una scrittura rapida e sicura. Le avrebbe raccontato della fidanzata a Lecce della quale era molto innamorato, della lontananza che gli pesava molto, del grande timore di perdere la donna amata. Insomma, scriveva quanto a voce non era riuscito a dirle sotto lo sguardo di lei, così incantato.

Ne fu delusa? Forse un po' lo fu. Senza disperarsi. Era stato un unico incontro in una giornata assolata. Fin da prima, lei sapeva che non si sarebbero rivisti, quindi giudicò superflua quella lettera, quasi di uno che ha paura di essere stato frainteso. Gli rispose con una semplice cartolina, ringraziandolo per essere stato così paziente, disponibile e... così perbene.

FIDANZAMENTO

Nonostante Valentina evitasse ogni occasione, Marpio tornò a cercarla. In orario scolastico, per fortuna, non poteva, giacché entrava in fabbrica alle otto ed usciva dopo le diciassette. Il palazzo dove alloggiava Valentina tuttavia si trovava lungo lo stesso percorso verso lo stabilimento petrolifero, in periferia. La Lambretta rallentava, si soffermava, andava più volte avanti e indietro, mentre Marpio alzava gli occhi verso un certo balcone del quinto piano. Quasi in attesa, sperando che Valentina si affacciasse. Non riusciva a capacitarsi dell'ostinazione della ragazza. Non gli era mai capitato di trovarne una così. Era diventata una specie di sfida o qualcosa di diverso e di più che lui mai avrebbe ammesso?

Valentina lo aveva scorto una volta guardando da dietro la tenda della porta finestra che dava sul balcone. Aveva perfino imparato a riconoscere il suono del motore della Lambretta che stava rallentando. Senza però una particolare emozione.

Anche Paolo, alla fine notò quell'andirivieni. Soprattutto notò che Marpio adesso sostava ai margini della strada e fissava imperterrito il balcone.

«Qual ragazzo in Lambretta, lo conosci?».

«Quale ragazzo?».

«Avvicinati e guarda».

Fu costretta ad avvicinarsi al vetro, dove Paolo aveva scostato la tendina.

«Ah, sì. Ho ballato qualche volta con lui. Si chiama Marco, ma tutti lo conoscono per Marpio».

«Se viene qua per te, e non c'è dubbio che venga per te, ti conviene scendere e parlargli. O gli dici di farla finita, oppure... lo ascolti. Di certo ha qualcosa da dirti. O vuoi che gli parli io?».

«Non ha una bella fama. Non voglio farmi sparlare dietro».

«Ma che fama e fama. Tutti gli uomini si danno da fare prima di mettere la testa a posto. Lo conosco anch'io: è un bravo ragazzo».

Di Marpio, Valentina, aveva sentito dire di tutto, mai che fosse un "bravo ragazzo". E, dietro l'insistenza di Paolo, scese in strada.

Fu un dialogo fatto di botta e risposta. Insofferenza di Valentina, almeno da principio, presunzione, quasi prepotenza di Marpio.

«Se vuoi che ti chieda scusa per quella volta sull'argine, io ti chiedo scusa».

«Io ti scuso, ma non posso fare a meno di ricordare».

«Io ti penso sempre, non riesco a levarti dalla testa. Cosa ti costa uscire qualche volta con me, così almeno mi conosci meglio e forse ti ricredi. Non ho mai fatto, per nessuna, quello che sto facendo per te».

«Cosa vuoi dire? Passare e ripassare lungo la strada davanti al palazzo? Sai quante altre ragazze abitano in questo palazzo? Anzi, nella strada accanto, ci sta quella ragazza che ha tentato il suicidio per te».

Lo vide contrariato. Però non si perse d'animo.

«Io non le avevo promesso niente e poi è storia vecchia. Nemmeno mi piaceva. Aveva fatto di tutto per farsi presentare da un mio amico...».

Insomma, Valentina e Marpio andarono avanti a lanciarsi e rilanciarsi allusioni e parole. Poi la resa totale di Marpio.

«Io, con te, sarei anche disposto a fidanzarmi. Ma... tu sei una studentessa del Liceo... io non ho nemmeno finito la scuola media».

Può bastare un frase umile e sincera per addolcire certe riserve?

«I miei genitori sono operai e farebbero di tutto per farmi smettere di studiare, per mandarmi a lavorare».

«Io ho dovuto smettere perché mio padre è morto quando avevo dodici anni. Mia madre fa la camiciaia e bisogna mangiare».

A quel punto, Valentina intenerita, fece una mezza promessa. Però, ricordando le confidenze di Stella, gli precisò di non illudersi che fidanzamento equivalesse ad avere rapporti intimi. Lui ripeté le parole di quel disgraziato giorno del fattaccio sull'argine: «Soltanto se sarai tu a chiedermelo».

Valentina, in quell'occasione, non si pose troppo domande, si costruì una ragione plausibile. Un fidanzato può essere uno scudo protettivo e, in un certo senso, l'opportunità di una maggior libertà di movimento. Inoltre, era convinta, fidanzandosi, di assecondare Sara e Paolo che desideravano soltanto accasarla. Forse in buonafede, ritenendo fosse per il suo bene. O forse per liberarsi di lei, una persona a carico che pesava sul bilancio familiare? Questi e altri i sospetti di Valentina.

Per Sara, la figlia era stata semplicemente una complicazione, una penitenza da scontare per lo sbaglio di qualche momento scriteriato. Per Paolo, una sorta di pegno da pagare, per aver sposato Sara, al tempo in cui ne era pazzamente innamorato. Ma... l'amore fra i due era svanito e Paolo era e restava un estraneo che mai l'aveva sentita come figlia. Così come lei non lo aveva mai considerato un padre.

Nessun senso di colpa nei confronti di Marpio. Lui così refrattario all'innamoramento, con tanti peccati da farsi perdonare, non avrebbe sofferto se lei, ad un certo momento, si fosse tirata indietro.

Dapprima, uscirono qualche volta insieme. Qualche cinema. Un pomeriggio a ballare. Valentina aveva notato, come del resto aveva previsto, che, da quando usciva con lui, lo sguardo degli altri ragazzi si distoglieva in fretta. Spariti tutti quei mosconi che le ronzavano intorno negli ultimi tempi e anche certi commenti fastidiosi alle sue spalle. Uscire con Marpio aveva dunque qualche vantaggio. Forse, gli altri ragazzi lo temevano o lo rispettavano, proprio per quella fama equivoca che s'era fatto. Forse, vedendoli insieme, pensavano che lei... fosse già stata usata e, quindi, era diventava meno appetibile. Marpio era conosciuto come uno di pochi scrupoli che andava per le spicce. Sara e Paolo, però, non ebbero da obiettare se usciva con lui perfino la sera dopo cena. Anche questo, a conferma di certe considerazioni di Valentina.

Quasi che Marpio fosse una sorta di guardia del corpo, la ragazza accettò il fidanzamento cosiddetto ufficiale. Tutto secondo rituale. Lui andò a parlare con i genitori e le regalò perfino un anello d'oro, con uno zircone al posto di un impegnativo brillante. Per comprarlo, gli ci era voluta un mese di paga o quasi. Nessuna obiezione al fidanzamento da parte di Sara e Paolo. Anzi, compiacimento. Per niente disturbati dai precedenti poco edificanti di Marco detto Marpio, dei suoi rapporti facili con donne facili e qualche breve relazione invernale con brave ragazze che poi aveva sistematicamente abbandonato. Nemmeno tennero conto della sua scarsa istruzione che poteva essere un elemento di contrasto con Valentina. Alla ragazza venne perfino il dubbio che, supponendola innamorata, sperassero che lei avrebbe cercato di limitare il divario fra loro, abbandonando gli studi, quegli studi che essi avevano sempre considerato inutili o superflui.

Marpio, a volte, si fermava dopo le diciassette, uscendo dal lavoro. Altre, andava a casa loro la sera, dopo cena. Valentina restava sola con lui, a volte perfino in camera, mentre gli altri si defilavano. Una sera, andarono al cinema tutti e tre insieme, Sara, Paolo e Max, cosa mai accaduta negli anni, per lasciarli soli. Valentina capiva che intendevano favorire una loro maggior intimità, questo la indisponeva più che mai e la irrigidiva ancora di più. Baci e carezze. Non oltre. Per Marpio, una tortura. Alla fine preferiva uscire con lei e andare a camminare in centro o, magari, entrare in un locale da ballo piuttosto che restare soli in casa. Insomma, qualche occupazione che gli permettesse di distrarsi dal tormento di un chiodo martellato nella testa. Lei, nell'abbraccio, non poteva ignorare quale reazione avvenisse in lui al contatto dei corpi, ma era sempre molto rapida a distaccarsi.

Poco dialogo fra loro. Dopo quel primo accenno ai propri genitori, lui non aveva più toccato l'argomento. Pochi temi di conversazione, nessuno in comune. E tante sgrammaticature nelle frasi di lui.

All'arrivo della stagione estiva, Marpio sarebbe passato soltanto dopo cena, trattenendosi per un paio d'ore e poi fuori da solo. Valentina intuiva dove fosse diretto. Con l'inizio dell'estate, era ripresa... la stagione di caccia e la Lambretta di Marpio, dopo le dieci di sera, si dirigeva al mare.

Era gelosa? Se lo sarebbe chiesto più volte. Si può essere gelosi se non si ama? Può sembrare strano, ma è così. Si è gelosi soprattutto se non è vero amore. La gelosia è soltanto un questione di amor proprio? Marpio, dal canto suo, era gelosissimo, di che e di che cosa non si sa. Non lo dimostrava apertamente ma si rodeva dentro. Maschilista al massimo, considerava come un diritto acquisito certe sue distrazioni estive, giustificate dal fatto che la fidanzata non gli si concedeva. Lei studio e casa, vita monacale. Non c'erano motivi d'esserne geloso ma lui lo era perché non aveva la certezza di un possesso acquisito.

A VOLTE RITORNANO

Mai avrebbe immaginato di rivederlo quasi un anno dopo. Valentina già fidanzata con Marpio. Rigirava fra le mani la lettera che Francesco le aveva scritto, indecisa se aprirla o no. Prevalse la curiosità. Chiedeva di poter rivederla, segno che gli era rimasta quantomeno impressa nella mente. Era stato lasciato due mesi prima dalla fidanzata tanto amata che si sposava con un altro a Lecce.

Perché aveva pensato di scrivere proprio a lei? La riteneva una possibile alternativa? I dieci anni di differenza non erano più un impedimento? Fu decisa e adulta. Ne parlò con Marpio. Lui, incuriosito, non si scandalizzò, anzi sembrò quasi compiaciuto. Un atteggiamento che contrastava con la sua abituale gelosia.

«È stato una persona gentile, che mi ha guidata per Bologna. Fidanzato e innamorato della fidanzata. Niente di che. Non mi sento di essere scortese e ho deciso di rivederlo, anche se non ho idea del perché lui voglia rivedermi».

«Cosa pensi che vuole un uomo di ventisette anni quando chiede d'incontrare una ragazza? Io so bene quello che può volere».

«Non penso che "voglia" qualcosa di particolare. Guarda che, al massimo, lo incontro al bar della stazione. Non lo porto in giro per la città. E poi... non viene in Lambretta... – ironizzò – Penso, sia importante rivederlo. Mi aveva tanto colpita e mi piaceva molto... prima di fidanzarmi con te. Ho bisogno di rivederlo per un confronto. Vedere se mi piace ancora e quanto più, o meno, di te».

Marpio, più che intelligente, era presuntuoso. Non si dimostrò disturbato dalle ultime parole di lei, convinto di non avere rivali che potessero competere con lui.

«E... se ti piace ancora tanto?»

«Te lo direi e ti lascerei».

Indispettita dalla sua condiscendenza, gli raccontò allora dei suoi giorni a Bologna. Del treno sbagliato, dell'uomo in Lambretta, della telefonata a Francesco, della lettera che ne era seguita.

«Mi sta bene che lo incontri. Sei stata sincera. Difficile trovare una ragazza sincera come te. Del resto, non ho mai chiesto a qualcun'altra di fidanzarmi in casa, così come ho fatto con te. Ci sarà ben stato un motivo, no?».

Ebbe l'impressione, Valentina, che, quel fidanzamento, più volte ribadito, fosse stato per lui come... concedersi. Nessun dubbio in senso inverso, cioè di averla ricevuta lui, la concessione.

Nella lettera di Francesco, questa volta, c'erano sia l'indirizzo di casa sia l'orario dei suoi turni settimanali allo sportello. Si sentirono per telefono. Valentina, come al solito, non avendo il telefono in casa, lo chiamò da un telefono a gettoni. Fissarono un appuntamento per il giorno seguente. La voce di lui le risvegliò speranze, quelle di cui non era cosciente. Speranza di essere amata e di amare.

Lo aspettò al binario, questa volta era impossibile sbagliarlo, visti i pochi binari alla stazione di Ravenna. Lo vide scendere dal treno fra gli altri viaggiatori, senza riconoscerlo. Un ragazzo pallido, di statura media, di aspetto normale. Le andò incontro sorridendole e quindi Valentina si rese conto che era lui. Nemmeno una vaga somiglianza con Montgomery Clift. Chissà cosa le era passato per la mente, quel lontano giorno, a Bologna. S'era illusa di trovare in lui quello che non c'era. Il caldo può dare alla testa.

Francesco fece per abbracciarla e lei s'irrigidì. Più tardi, la solita constatazione di chi la incontrava dopo mesi: «Sei cresciuta. Ti vedo... più alta di come ti ricordavo».

Banalità. In effetti, sì, era cresciuta di alcuni centimetri, inoltre le scarpe avevano quattro centimetri di tacco. Era anche leggermente truccata, una linea minima di contorno agli occhi con la matita marrone, appena un ritocco alle labbra con un lucida labbra.

«Sei truccata... Che bisogno ce n'è? Sei bella anche col viso lavato, così com'eri a Bologna».

Più "sudato" che lavato, ironizzò Valentina fra sé. Fra loro parole impacciate tanto per evitare il disagio del silenzio.

Al tavolino del bar, un caffè e un succo di frutta. E qualche frase più esplicita.

«Ti ho pensata molto e mi sono pentito di quella lettera. Come sai già, ora non c'è più una fidanzata che m'aspetta. Per la verità, quel giorno a Bologna con te, ho avuto paura di poterla tradire, anche solo col pensiero. E m'ha tradito lei. Ma non è stata la sola ragione d'evitarti, mi spaventava anche la differenza l'età. Sembravi una ragazzina spaurita che si finge donna».

«Io avevo messo in conto che non ti avrei più rivisto. La tua lettera di allora è stata... inutile. Non mi ero fatta illusioni, anche se mi piacevi molto. Tant'è vero che ti avevo cercato in quel modo sfacciato. E adesso... Beh, adesso sono fidanzata io, con un ragazzo di qua. Gli ho anche detto che ti avrei rivisto e gli ho raccontato tutto, prima che qualcuno possa riferirgli di avermi vista con un altro. Insomma... ho voluto incontrarti per capire... se quel giorno a Bologna abbia avuto un senso. L'ho spiegato a Marco, sono stata sincera e lui ha capito. Nessuna gelosia, è stato intelligente».

«Io sarei stato molto geloso...».Una pausa e: «Insomma, un confronto fra... due rivali. E ha vinto lui». Sarcasmo e delusione nella voce. Invece avrebbe dovuto sentirsi sollevato del non dover impegnarsi con una ragazzina sprovveduta. O "spaurita", come l'aveva classificata lui, al loro primo incontro a Bologna.

Lo accompagnò, poco dopo, al treno che lo avrebbe riportato indietro. Prima di salutarla, Francesco volle ripetere:

«Sei cambiata... sei davvero cambiata. Non sei più la Valentina disposta a fidarsi di uno sconosciuto, convinta che possa essere l'uomo della sua vita. Sei diventata molto scettica, disincantata, quasi cinica».

Ma non era stato proprio lui, quel giorno a Bologna, ad ammonirla d'essere più prudente per non incappare in qualche malintenzionato? Davvero era così cambiata? Valentina seguendo con lo sguardo il treno che si allontanava, rifletteva e realizzava che i ragazzi si scoprono innamorati quando vengono respinti. Mai al momento giusto.

Ricordava di aver detto a Loretta ancora viva: " Io non m'innamoro", invece che dire "Io non voglio innamorarmi", totalmente diverso. Parole, senza convinzione. E adesso? Un dato di fatto. Aveva vagamente la percezione che la tanto denigrata "bellezza dell'asino", paventata dalla nonna semplicemente per metterla in guardia, sarebbe stata pericolosa nei confronti degli altri più che per se stessa. E avrebbe procurato sofferenza.

Francesco e Valentina non si sarebbero più rivisti. Deluso lui, ma anche lei avrebbe preferito una conclusione diversa: che la magia di quel giorno di Bologna si fosse ripetuta.

Purtroppo, dopo quella verifica, la sicurezza di Marpio, l'alto concetto di sé, oltre che la convinzione del proprio ascendente su Valentina, sarebbero cresciuti a dismisura. Errore grossolano. Valentina si era fidanzata con lui consapevole di non amarlo, convinta che lui mirasse soltanto a possederla fisicamente. E, tale convinzione, di reciproco non amore, la proteggeva da eventuali sensi di colpa, nel caso si fossero lasciati. Era certa che, se gli avesse ceduto, Marpio si sarebbe allontanato. Come del resto aveva fatto con altre ragazze. Quasi sempre, si confonde l'attrazione fisica, e perfino l'intesa sessuale, con l'amore nella sua totalità come invece non è scontato che sia.

INCONTRO INASPETTATO

Un giorno di fine giugno, lungo il viale sul quale si affacciava la stazione ferroviaria, un'emozione improvvisa, quasi insostenibile: Mino. Davanti a lei. Furioso, occhi incattiviti.
«È proprio vero che ti sei fidanzata con quel "ceffo"?».
Non le uscirono le parole. Vampata alla testa e poi il sangue che defluiva ai piedi. Rondelle nello stomaco. Perché mai, Mino, doveva farle quell'effetto?
Il suo silenzio fu una conferma e lui seguitò. «Bene, se sei la fidanzata, devi dire al tuo fidanzato che non deve permettersi di fermare mia sorella per strada. E poi perché? Per dirle di riferirmi che... se mi avvicino a te, lui mi rompe la faccia. Allora, per prima cosa, devi informarlo che oggi "mi sono avvicinato a te" e poi che, se lui si permette ancora una volta di parlare con mia sorella, i connotati glieli cambio io. Se avesse qualcos'altro da dirmi che venga direttamente da me. E, per tua informazione, sappi che lui ha fatto e sta facendo altrettanto anche con altri: preavvisi e minacce, tabula rasa intorno a te».
Valentina era sbiancata. Non si era mai sentita così umiliata. Né avrebbe mai immaginato su di sé lo sguardo sprezzante e furioso di Mino. Lui avvertì la sua difficoltà e moderò il tono.
«Lo so che tu non hai colpa. Però... se mi permetti una domanda, come mai ti sei messa con un buffone come quello? Non pensi che avresti meritato di più? Non ti sei fidata di me e invece sì di quello. Tu così... rigorosa, tu che non mi hai voluto soltanto perché sono stato l'ex di una tua amica...».

Lei avrebbe voluto precisargli che lei, con "quello" non era mai andata oltre il cosiddetto lecito, che era stato una specie di fidanzamento di ripiego. Come spiegargli che, oltre alla sua ex relazione con Daniela, c'erano altri motivi diversi, di certo più problematici? Come trovare il coraggio di presentare lui, Mino, di famiglia borghese, quasi ingegnere, e per di più comunista, ai propri genitori, così poco genitori... Farlo entrare nella sua casa, con quella sua famiglia sgangherata... Paolo del MSI... Nemmeno pensarlo. Mai.

Tacque. E Mino, senza più aspettare una risposta che non arrivava, ebbe una smorfia di disappunto e si allontanò.

Tornando a casa Valentina entrò nella cabina telefonica vicina al cancello di entrata ai palazzi e, sulle pagine spiegazzate dell'elenco telefonico, cercò il numero dello stabilimento petrolifero dove Marpio lavorava. Il centralinista le passò il dirigente del reparto, l'ingegner Ronconi.

«Mi dispiace disturbarla, ingegnere, ma avrei urgente necessità di parlare con un operaio, Marco Angini, è una questione di vitale importanza, molto delicata, di estrema urgenza».

La voce le tremava e quindi l'esigenza appariva attendibile.

«Gli operai non sono autorizzati all'uso del telefono. Lei chi è?».

Suo malgrado dovette rispondere che era la fidanzata.

«A maggior ragione, non posso farla parlare con un dipendente. Al massimo, può dire a me, così gli faccio riferire dal capo reparto».

«Sì, grazie. Gli dica che, all'uscita, deve fermarsi a casa mia. Una questione davvero della massima importanza».

L'ingegner Ranconi sorpreso e anche incuriosito, fece chiamare l'Angini per parlargli personalmente. Aveva ancora nella mente la voce agitata ma gentile e il linguaggio appropriato della ragazza. Davvero era curioso di avere, faccia a faccia, il fidanzato.

Lo studiò, mentre gli riferiva il messaggio. Genere selvaggio ruspante, lo considerò. Marpio fu davvero sorpreso e anche preoccupato. Cosa mai poteva avere Valentina di così improrogabile per arrivare a cercarlo al lavoro? Pensò di tutto. Il dirigente gli chiese se davvero quella Valentina fosse la fidanzata.

«Non riesco ad associarla a te».

Quasi con vanto, Marpio confermò e, per avvalorare la risposta, da una tasca sotto la tuta, trasse il portafoglio e, da lì, una foto che gli mostrò.

L'ingegnere, prese la foto e forse la trattenne qualche secondo di troppo. Poi beffardo: «E che cosa ha a che fare una ragazza così... con uno come te?».

«È figlia di operai come me».

L'ingegner Ronconi era un dirigente, molto temuto dal personale per la sua intransigenza. Marco non trovò altro da dire, timoroso d'indisporlo.

Dall'accoglienza gelida di Valentina, si aspettava soprattutto una scenata di gelosia per voci che potevano essere circolate su certe "licenze" che s'era preso. Mai avrebbe immaginato quella reazione spropositata per aver parlato con la sorella di Mino. Secondo Marpio, un presuntuoso che si dava arie da superuomo.

«Io, Mino, lo conosco a malapena – esordì Valentina – e non l'ho mai incontrato nemmeno per caso, dopo che mi sono fidanzata con te. Faccio vita da reclusa, mentre tu te le spassi e fai sesso con tutte quelle che ti capitano. E ti lascio fare perché non m'importa più di tanto. Ma non ti permetto di fermare chi nemmeno conosco per parlare di me e minacciare il fratello. Mi hai fatto vergognare come un'infame per come lui mi si è rivolto».

Dopo la sfuriata, la conclusione fu, all'apparenza, sproporzionata ma, per Valentina, un'opportunità accarezzata più volte, senza il coraggio di agire. Ora sì. Era la dimostrazione che lei, Marpio, proprio non sarebbe riuscita ad amarlo. Anni luce fra loro. Un fidanzamento di comodo. Conclusione che lui però non prese sul serio, troppo convinto d'essere un macho irresistibile. Alto concetto di sé che escludeva ogni considerazione contraria.

«Uno come te io non lo voglio, chissà cosa saresti ancora capace di fare oltre che fermare e minacciare tutti quelli che mi conoscono. Il fidanzamento è chiuso, non voglio più vederti». E gli restituì l'anello.

Marpio non fiatò. Prese l'anello e lo mise in tasca. Non diede peso a quel gesto che considerò un capriccio infantile. Perfino pensò che quella decisione gli tornava comoda, ora che stava arrivando l'estate. In autunno sarebbe ritornato alla carica. Non aveva dubbi che sarebbe riuscito a convincerla. Superata la rabbia del momento, si sarebbe calmata. Era anche sicuro, conoscendola, che lei, adesso, non si sarebbe buttata allo sbaraglio fra le braccia di qualcun altro. Non era davvero il tipo e lui perfino sospettava che fosse frigida. Lo dimostrava la sua ostinazione a non concedersi, come invece facevano le fidanzate dei suoi amici. Una ragazza diversa da tutte le altre. Il fidanzamento comporta anche certe intimità, lui ne era convinto. Un uomo è un uomo e ha le proprie esigenze e lui non era il tipo da reprimere certe pulsioni. Trovava perfettamente logico vivere avventure estive o non estive.

UNA PARENTESI

Erano in tre, al porto del canale Candiano, a rimirare la nave che sostava attraccata alla banchina. Massimiliano aveva talmente insistito che Valentina aveva ceduto. Naturalmente, con loro c'era anche Manuela. La ragazzina vicina di casa, era ormai diventata una sorta d'appendice o sorella siamese di Max.

Sulla nave erano imbarcati gli studenti dell'Istituto Nautico di Livorno. Una sorta di vacanza-studio nel Mediterraneo. Ora la nave era ancorata nel Porto del Candiano.

Max aveva sperato si potesse salire a bordo per visitarla, ma fu subito evidente che non si poteva. Adesso fermi, malinconicamente, sguardo in su, a osservare una nave come altre, delle poche che sostavano nel canale. Sul ponte, un allievo in divisa, quella che indossano tutti gli allievi del Nautico. Loro sotto, lui sopra la nave. Valentina, già in passato, aveva appurato quale richiamo importante possa essere lo sguardo. Lui aveva occhi verdi, capelli biondi e, visto così, dal basso in alto, sembrava davvero irraggiungibile. Nello stesso tempo, i loro sguardi parevano calamitarsi. Occhi verdi e occhi color dattero maturo. Si può comunicare col pensiero l'attrazione reciproca? Evidentemente sì, visto che i loro sguardi non riuscivano a distogliersi.

Dopo Mino, non le era più capitato di sentirsi così attratta. Il ragazzo, lassù, cercava di sillabarle qualcosa con il solo movimento delle labbra. Valentina cercò di decifrare. Max e Manuela seguivano i loro tentativi, molto interessati. Si rinnovava la speranza di visitare la nave.

Valentina non riuscì a captare il messaggio muto del ragazzo sul ponte. Allora gli mimò il gesto dello scrivere. Dopo alcuni tentativi, lui ebbe un cenno di assenso. Si allontanò per qualche minuto e ritornò con l'essenziale. Un messaggio scritto, appesantito da un fermaglio, da lanciare a terra. Un lancio preciso, tanto che Valentina riuscì a prenderlo al volo.

Poche parole scritte. "Oggi pomeriggio. Alle tre, sono libero di scendere a terra. Puoi aspettarmi?".

Si può accettare un appuntamento ricevuto letteralmente al volo da chi alla fine era soltanto uno sconosciuto? Si poteva essere fraintesi? Una ragazza al porto...

Valentina lesse il biglietto a Max e puntualizzò: «Se venite anche voi, io accetto l'appuntamento. Altrimenti, niente».

Ai ragazzini non sembrò vero di accettare. I genitori di Manuela, sapendola con Valentina, non si sarebbero opposti.

Tre del pomeriggio, puntuali. Valentina aveva indossato uno dei suoi abiti più carini, confezionato da Mara, sorella di Loretta, come compenso ai suoi orli e soppunti. Era di un colore giallo oro, una specie di tunichetta. Sulle spalle, della stessa stoffa, due fiocchi a forma di foglia o di petali di fiore. Disegno di Valentina, copiato da una vetrina, quando c'era ancora Loretta. Il giallo metteva in risalto la leggera abbronzatura e il colore bruno dei capelli lasciati sciolti.

Si chiamava Lorenzo. Nascose il disappunto, vedendo che non si era presentata da sola all'appuntamento. Speranze e progetti diversi nelle sue aspettative. Dichiarò diciannove anni, mentendo. Aveva pensato che lei fosse più adulta dei suoi anni reali e, a lui, aumentarsi l'età era parsa una mossa indovinata. Anche lui sembrava più adulto. Però, partire con una bugia, non è una mossa vincente.

Lorenzo mai si sarebbe aspettato quel giro turistico per la città, nella calura estiva, proposto da Valentina. Ma non dimostrò contrarietà. Del resto quale alternativa avrebbe potuto suggerire? Dopo alcuni giorni sul mare, si assoggettò a camminare per ore sulla strada. Molti passi e poche parole impacciate. Max fu d'aiuto alla sorella, tempestando Lorenzo di domande. Era stato un bene condurlo con sé, Valentina ne era sollevata. Poche parole ma molti sguardi fra loro. Intensi. E desiderio inespresso di Lorenzo. Ben diversamente avrebbe voluto trascorrere quel pomeriggio. Valentina ci teneva a dimostrargli di non essere una ragazza facile, come l'incontro al porto poteva indurre a fraintendere.

Dentro il mausoleo di Galla Placidia, meta prediletta di Valentina, occhi alzati ad ammirare i mosaici del soffitto, illuminati dalla luce che filtrava attraverso le finestre di alabastro, Lorenzo le prese una mano e gliela strinse. Un contatto che fu più esplicito di molte parole. Una scarica di energia, una fiammata ad attraversarle il corpo. In quell'attimo, per quel semplice incontro delle mani, anche Valentina pensò che avrebbe voluto trovarsi con lui in un luogo diverso. Esiste il colpo di fulmine?

Davanti alla tomba di Teodorico, tappa obbligata, Max scattò loro un paio di fotografie, con la macchina fotografica di Lorenzo. Foto che si sarebbero rivelate scure, perché controluce.

Per raggiungere la zona, era stato giocoforza passare davanti all'abitazione di Mino. Per la prima volta, Valentina, non ne fu turbata. Segno della speranza di un'opportunità diversa? Lorenzo niente conosceva della storia di Sara, del padre ignoto, di Paolo, dei pettegolezzi, di Marpio. Per Valentina, un percorso nuovo che le si presentava senza ombre, o lati oscuri. Normalità. Una ragazza e un ragazzo coetanei (così come avrebbe scoperto in seguito) che si piacevano e se lo comunicavano attraverso una stretta di mano. Senza interferenze, senza dover spiegare o giustificarsi.

Era quasi buio quando si salutarono in prossimità del porto. Scambio d'indirizzo e promessa di scriversi. Quanto bastava a Valentina per sentirsi più leggera.

Infatti, si scrissero molte lettere. Un paio a settimana. Nella prima, scrivere è più facile che esprimersi a parole, Lorenzo le spiegava la sua delusione per non averla incontrata da sola. Per una frase, lei rispose risentita, ma subito lo perdonò. "Ti avrei sbocconcellata di baci".

Di seguito, la corrispondenza scorse per alcuni mesi. Lui promise che sarebbe tornato a trovarla, viaggiando in treno. Fantasticò e programmò quell'incontro di una giornata. E Valentina condivise quel proposito. Ignorava che non si sarebbe avverato, per la semplice ragione che il padre di lui si sarebbe opposto. Un uomo rigido e insieme irascibile. Non avrebbe mai permesso al figlio diciassettenne, ancora due anni alla maturità, di farsi rigirare, se non raggirare, da una ragazza che aveva accettato un appuntamento al porto.

Naturalmente, Lorenzo non fu così esplicito nella sua lettera piena di frustrazione e rabbia. Ma le ragioni complete si potevano intuire. A quella lettera, Valentina non rispose. Non ne avrebbe scritte altre, nonostante la delusione. Per lei, ancora una volta, la conferma che mai convenga cedere ai sentimenti e alle speranze. Giurò a se stessa che non ci sarebbe più cascata.

UNA PESSIMA SORPRESA

Visi scuri e occhi rossi di Sara. In un angolo, Massimiliano a tormentarsi le mani. Per Valentina era insolito trovarli tutti a casa, a quell'ora, rientrando da scuola. Sottobraccio i libri stretti nella cinghia elastica e in mano il sacchetto della spesa alimentare del giorno, ritirato dal bottegaio poco prima.

«Che cosa succede?».

Max fu il solo a intervenire, con un tono stizzito e insieme piagnucoloso.

«Succede che ci trasferiamo in Sicilia».

L'impulso di fuggire più forte di qualsiasi altra richiesta di spiegazione. Decisione improvvisa, o meditata, di Paolo, non si sa se per certe sue pendenze, o carenze, o la cassa vuotata dalle quote d'iscrizione appena ricevute, alla sezione del MSI. Non per sua colpa, ma il responsabile non era stato identificato. Per restituire il maltolto, si era fatto prestare del denaro da alcuni conoscenti o simpatizzanti, consapevole che mai sarebbe stato in grado di restituirlo. Niente di scritto e lui... vigliaccamente scappava. Tutto già deciso, tutto predisposto. Alcuni parenti in Sicilia gli avevano proposto un lavoro presso una loro ditta di spedizioni. Gli avevano trovato un alloggio, bastava riempire le casse con le cose indispensabili e spedirle. Avrebbero viaggiato come ladri, due giorni dopo. I materassi di lana della nonna, tanto tenuti in conto da lei, venduti ad uno straccivendolo per pochi soldi. E la scuola? Richiesta dominante. La scuola?

«Ti metti a pensare alla scuola, adesso? Lascia perdere, va!».

«Adesso che sono in seconda liceo... a metà dell'anno scolastico... con la maturità il prossimo anno... mi fate questa vigliaccata...».La voce le si spezzava.

Il panino, masticato a fatica, faceva groppo in gola. E i suoi libri, i suoi tanti quaderni con racconti e poesie? Cose inutili da buttare. Finiti nel mucchio degli ingombri. La valigia che Valentina teneva sotto il letto, serviva vuota. Lei non si capacitava, forse era un incubo e sperò di svegliarsi.

«Avete già deciso tutto: complimenti».

Bel riguardo per lei che svolgeva tutti i servizi domestici e studiava di notte quando tutti dormivano! Pensieri che non diventavano parole.

«Adesso non aspettatevi che vi aiuti a riempire le casse. Vado fuori, ho bisogno d'aria e di starmene sola».

Non le era mai pesato l'aiuto a Sara nelle varie mansioni domestiche, né di seguire Max nei compiti scolastici per casa, o di rispettare il riposo pomeridiano dei due "lavoratori stanchi", uscendo, di pomeriggio, spesso controvoglia, per non disturbarli.

" Vado a dormire, sono a pezzi. Non fate rumore. Anzi, se andate fuori, è meglio". Frase pronunciata alcune volte da Paolo o da Sara.

Odiava Paolo e soprattutto Sara che non aveva saputo ribellarsi e imporsi. Che se ne andasse lui, perché seguirlo? Di fatto, non erano più marito e moglie. Uno stipendio non basta per vivere, le avrebbe spiegato, in seguito, Sara. Stupida e vigliacca.

Pedalando, si scarica la rabbia e lei pedalava furiosamente come fosse stata rincorsa da altri ciclisti in gara. La strada verso il mare, la stessa percorsa in motorino con Loretta seduta dietro. Adesso era sola come non mai.

Ma, come apparsa dal nulla, ecco Dafne. Che fortunata coincidenza, pensò Valentina. Quella era una prerogativa di Dafne, apparire all'improvviso, invocata quasi per telepatia.

«Vai a Marina? Bene, anch'io vado da quelle parti. Possiamo fare la strada insieme».

Un sollievo, pensò la ragazza, averla a fianco, pedalando verso il mare. Nessuna parola, oltre le poche dell'inizio. C'era tutto il tempo di poter parlare.

Più tardi, invece, sedute sulla scogliera artificiale che costeggiava il Porto, sostarono silenziose. Una fredda giornata romagnola nel mese di marzo. Lacrime incontrollate sul viso di Valentina, si sarebbe presa a schiaffi per non aver saputo trattenerle. Alla fine, dopo tanto silenzio, riuscì a spiegarsi, a raccontare. Dafne a cercare di placarla. L'acqua scura del porto odorava di nafta, nessuno sul pontile. Valentina non sapeva nuotare. Una vita spesa male, pensò, per rispettare le inutili regole morali che s'era imposta. Cavilli senza senso. Meglio una maggior spregiudicatezza. Seguire il Circo insieme al ragazzo col foruncolo. Oppure dare ascolto a Rinaldo, tanto più adulto di lei, che forse era anche sposato. Diventare la sua amante ovvero la sua mantenuta. Una soluzione come un'altra. Sai quante risolvono così! Del resto, Sara? Non seguiva un marito, non più marito perché uno stipendio solo non basta?

E, fra le ipotesi, c'era anche quella di Marpio. E no, Marpio proprio non poteva essere una soluzione. Più povero di lei. E, inoltre, s'erano lasciati. Se lui avesse saputo che stava per partire, senza più tornare? Avrebbe voluto trattenerla? Poveri ma insieme. Sentimentalismi, come nelle romantiche storie a fumetti disegnate da Walter Molino per un settimanale popolare. Se soltanto si fossero amati...

Pensieri trasformati in parole. Dafne l'ascoltava in silenzio, per poi selezionare la frase idonea a tranquillizzarla.

«*Guarda che non è la fine del mondo. Finirai l'anno scolastico a Messina. E poi vedrai che i tuoi capiranno che sarebbe un peccato non farti prendere la maturità l'anno prossimo. E, alle brutte, farai da sola. Troverai un lavoro e studierai per conto tuo. Sei una ragazza in gamba, puoi farcela*».

«Non potresti invece tenermi con te? Potrei lavorare e contribuire alle spese. Sei la mia unica, vera, amica. Soltanto tu sai ascoltarmi e capirmi».

Una proposta che cadde nel vuoto.

Si lasciò, alla fine, convincere a tornare indietro. In bicicletta, pedalando lentamente, con rassegnazione. Ancora una volta Dafne era riuscita a farla ragionare. Non volle però rientrare a casa. Impossibile guardare "quelli" che riempivano le casse con i soli oggetti che ritenevano indispensabili, dopo aver buttato via i suoi libri e i suoi scritti perché occupavano troppo posto ed erano troppo pesanti.

Si diresse all'abitazione di Loretta. Loretta che non c'era più. Anche lì pianse, lei che non piangeva mai, davanti a Mara e a sua madre. Non riuscì a controllarsi. Raccontò di quel trasferimento inaspettato ma, ancor più, si disperò al ricordo di Loretta che non era presente ad ascoltarla. Loretta che sapeva capirla e riusciva a farla sorridere. Si ritrovarono a piangere in tre, ricordando Loretta.

Le proposero di restare a dormire là, per quella notte e oltre, se fosse stato necessario, quindi fermarsi fino alla partenza. Accettò.

Mara si offrì: «Vado io ad avvertire i tuoi che resti con noi fino al momento di partire».

Un giorno? Due giorni? Troppo stanca e rassegnata per quantificarlo. La stanchezza era tale che riuscì a dormire nella stanza che era stata di Loretta.

Aveva appena fatto colazione, quando Mara, uscita di prima mattina, rincasando, la informò: «Di sotto c'è Marco che è venuto a salutarti».

«Non è più il mio fidanzato».

«Sì, me lo ha detto che vi siete lasciati. Però, non puoi essere scortese con lui, vuole soltanto salutarti».

Non sospettò, Valentina, che era stata la stessa Mara ad avvertirlo, convinta che, fra loro, la storia non fosse del tutto finita. Tuttavia, non permisero a Marpio di salire in casa e Valentina scese a sedersi con lui, sugli scalini esterni, là dove tante volte s'era seduta con Loretta.

«Allora è vero che parti?».

Viso pallido e teso, labbra serrate, come di uno che si controlla per non dimostrare, più a se stesso che ad altri, il proprio rammarico.

«Sì, parto. Non mi aspettavo che tu venissi a salutarmi».

«Beh... siamo stati fidanzati, no? Salutarti è il minimo».

Grande impaccio e poche parole prive di sostanza. Valentina sempre più convinta di quanto a lui, quella loro strana e breve storia, fosse scivolata addosso come pioggia in estate. Un innamorato avrebbe fatto fuoco e fiamme, le avrebbe offerto di restare, di vivere insieme. Lei avrebbe trovato un lavoro e se la sarebbero cavata. Questo si sarebbe aspettata Valentina da un innamorato. Ma, fra le poche parole scambiate, si avvertì piuttosto un sollievo, probabilmente anche reciproco, per quella lontananza che li separava definitivamente. Per Valentina, allontanarsi da lui era l'unica nota positiva di quella specie di dramma che si stava consumando. Nemmeno un bacio amichevole per dirsi addio. Soltanto il contorcersi delle mani di Marco, quasi a voler spezzarsi le dita.

SECONDA PARTE

SUL TRENO

Il treno diretto a Villa San Giovanni in Calabria si stava formando alla stazione di Bologna. Minuti di attesa, dieci o forse più. Valentina al finestrino del corridoio, fuori dello scompartimento, dove gli altri stavano già seduti. Non voleva che le leggessero sul viso la disperazione. Rabbia impotente, difficile da smaltire in poco tempo. Guardava la gente in attesa sul marciapiede e sotto la pensilina. Abbracci o strette di mano fra chi restava e chi partiva. Fu inevitabile ricordare il giorno in cui aveva sbagliato treno proprio alla stazione di Bologna e tutto quello che ne era seguito, di temporaneo e forse nemmeno significativo. Ripensamenti? Se lei e Francesco... Se. Fin troppi ma e troppi se nella sua vita.

Tre militari in divisa percorrevano, avanti e indietro, il tratto antistante il treno, sotto la pensilina. Erano di ronda? Il loro percorso reso forse più breve del dovuto, a passo lento. Per coincidenza o casualità, rallentavano il passo all'altezza del finestrino al quale stava affacciata Valentina. Lei, per l'ennesima volta, in pochi giorni, non riuscì a trattenere le lacrime. Addio Bologna, addio Ravenna, addio sogni di progetti e di riscatto.

Uno dei due ragazzi in divisa, si avvicinò al finestrino. Aveva un viso dai lineamenti regolari e occhi buoni. Lei non fu in vena di trovargli una somiglianza anche se, in effetti, una ci sarebbe stata, con un musicista piuttosto noto all'epoca.

«Signorina... perché piange?».

«Perché sto lasciando la mia città per sempre».

Risposta melodrammatica, eppure disperatamente convinta. Era facile rispondere con sincerità a uno sconosciuto dallo sguardo comprensivo e buono. Un minimo di sollievo.

«Ma vvia!! – calcando sulla lettera "v" – per sempre, detto alla sua età... è esagerato, sa di definitivo, di senza-ritorno. Dov'è diretta?».

«Sicilia. Messina... e sono romagnola. E non so davvero se e quando potrò tornare».

«Non si può mai sapere. Messina non è la fine del mondo. Anzi... è una bella città. Se le fa piacere, le do il mio indirizzo, così mi manda una cartolina col suo e dopo potremmo anche scriverci, sempre che le faccia piacere. È un modo per non perdere del tutto i contatti, visto che questa partenza e la paura della lontananza la fanno piangere. Di certo, avrà qualcun altro a cui scrivere. Ma un amico in più...».

I suoi occhi erano sinceri, senza calcolo. Le ispirarono fiducia.

Il capostazione si apprestava a dare il segnale di partenza. Non c'era più tempo per dialogare. Mauro, questo il suo nome, trasse di tasca una bustina di fiammiferi e, sulla parte bianca interna, scrisse qualcosa in fretta. Il treno, nel frattempo, si stava movendo. Lui lo rincorse e vi gettò dentro la bustina, attraverso il finestrino. Il cartoncino cadde nel corridoio. Valentina si affrettò a raccoglierlo. Si riaffacciò. Il ragazzo in divisa era già lontano e si sbracciava per salutarla; gli rispose con un cenno della mano, senza che lui, ormai, potesse distinguerla. Un episodio che un po' le ricordò il gesto di Lorenzo dal ponte della nave scuola. Non altrettanto emozionante, nessun sussulto, uno stato d'animo molto diverso, in un frangente del tutto differente. Il treno accelerava inesorabile e Valentina tornò nello scompartimento a sedersi accanto a Sara e Paolo, non tanto per averli vicini, quanto per non guardarli in faccia. Max di fronte a lei, vicino al finestrino. Restavano due posti vuoti.

Viaggio lunghissimo, sembrava non dovesse avere fine. Quattordici ore. C'è da aggiungervi la sosta a Villa San Giovanni per l'imbarco dei vagoni sulla nave diretta a Messina e, dopo, la traversata dello Stretto. In treno, parole pensate che scandivano la corsa ritmica della locomotiva. "Come farò, come farò, come farò...". "Non torno più, non torno più, non torno più"... Un martello pneumatico nel cervello. Verso sera, cena con i panini che Sara aveva portato in una busta e una bottiglia d'acqua riempita al rubinetto della vecchia casa. Già veri siciliani, pensò Valentina sarcastica, quelli delle barzellette che, nelle vignette, scartocciano vettovaglie durante il viaggio. D'altra parte, Paolo era nato in Romagna ma da genitori siciliani, proprio per questo aveva ancora parenti in Sicilia. Quelli che gli avevano trovato un lavoro là, a Messina.

Verso le ventuno, Valentina propose a Max di sgranchirsi le gambe lungo il corridoio, in un senso e nell'altro, soprattutto per allontanarsi da Sara e Paolo e dal fastidio delle poche parole e dei molti silenzi. Il ragazzino non se lo fece ripetere due volte e l'assecondò.

Il corridoio era libero, non molti passeggeri su quel treno, in quel giorno feriale, da Bologna alla Calabria. Sbirciarono dentro gli scompartimenti della prima classe, poltrone molto più comode e ambiente confortevole. Attraversarono pure il vagone ristorante. Curiosità negli sguardi dei pochi avventori. Ritornando indietro, lungo il vagone di prima classe, un uomo di circa quarant'anni era l'unico passeggero dentro uno scompartimento vuoto.

Max commentò: «Almeno lui sta comodo. Se vuole può anche distendersi a dormire».

S'era soffermato a sbirciare dentro. La sorella lo afferrò per un braccio nel tirarlo via, ma l'uomo li invitò ad entrare.

Valentina non avrebbe accettato, ma Massimiliano era già dentro. I posti erano liberi, il controllore era già passato... Perché non fermarsi là per tutta la notte? Questa la proposta di quell'uomo. Era corpulento, rossiccio di capelli, un qualcosa di viscido nell'espressione. Al medio della mano sinistra, un anello con una pietra sfolgorante che risultò, più tardi, essere un diamante. Niente di più pacchiano e volgare, considerò Valentina. Un uomo e un anello con brillante.

Spiegò che dovevano ritornare dai genitori, nella seconda classe, là dove stavano anche i loro bagagli. Lo sguardo dell'uomo puntato su Valentina.

Lo salutarono e ripresero il percorso. Max, rientrato nello scompartimento, a raccontare ai genitori l'episodio e a descrivere il brillante dell'anello. Mai si sarebbero aspettati che, dopo nemmeno un'ora, mentre tentavano di appisolarsi, quell'uomo entrasse nel loro scompartimento.

«Posso sedermi?» chiese, indicando i posti vuoti.

Paolo rispose con un gesto della mano. Nemmeno un sospetto a quella richiesta?

Si sedette accanto a Massimiliano, quindi di fronte a Valentina. Per quale strano motivo, uno che viaggia in prima si trasferisce in seconda classe? Lei ritrasse i piedi che prima aveva appoggiati sul sedile di fronte, con la speranza di potersi appisolare.

«No, no » l'incitò l'uomo «non mi danno fastidio, poggiali pure». Invito che non ascoltò. Provò rabbia verso Sara e Paolo che avevano già richiuso gli occhi, così come lo stesso Max. Valentina no. Lo sguardo di quell'uomo su di sé. Quando il respiro degli altri si fece pesante, lui si permise di abbassarsi, sollevarle i piedi e portarli nel piccolo spazio accanto a sé. Nel gesto, le mani gli scivolarono sulle gambe di lei, fino al ginocchio. Lei subito si ritrasse e lo guardò come fosse stato un insetto schifoso. Per Valentina, quindi, fu una nottata insonne. Quando la luce dell'alba cominciò a filtrare dal finestrino, quelli che avevano sonnecchiato si svegliarono e uscirono a sgranchirsi. Valentina li seguì. La coda davanti ai cessi sporchi e maleodoranti. D'altra parte non si poteva evitarne l'uso. Al ritorno, il loro scompartimento era vuoto. Ma fu soltanto un temporaneo sollievo. Poco più tardi, quello che disse di chiamarsi Enrico ritornò. Aveva con sé, una busta di carta da pacchi piuttosto rigonfia: un grosso thermos con caffellatte, bicchieri di plastica, alcune brioche, biscotti, una bottiglietta d'acqua minerale. Inoltre, con l'altra mano, reggeva alcune riviste e un paio di quotidiani. Una specie... di pacco dono da un insospettato benefattore. Lo porse a Sara. Lei si schermì. Per mantenere un contegno, più che altro. Lo stomaco vuoto reclamava altro. Paolo s'irrigidì, temendo di dover pagare qualcosa di non richiesto. Ma quello, sorridente, spiegò che era un piccolo omaggio di simpatia. Per i ragazzi, spiegò. Soprattutto per loro. Era stato a far colazione nel vagone ristorante e là gli era venuta l'ispirazione.

«Per me è un piacere». Voce melliflua.

A quel punto, evitarono i convenevoli e approfittarono del "pacco dono" per... non dovere negargli il piacere d'essere gentile. E, infatti, anche Valentina si sentì rinfrancata dal bicchiere di caffellatte più la brioche, nonostante, persistesse in lei la volontà del rifiuto. Di quell'uomo non si fidava e le ispirava ripugnanza, nel ricordo di quelle mani a risalire lungo le sue gambe.

Merito del cappuccino, la lingua di Paolo si sciolse. Ci furono le presentazioni. Enrico spiegò di essere un imprenditore edile residente ad Udine. Si recava in Sicilia per affari. Non era sposato, disse, niente figli. Paolo azzardò la domanda indelicata sull'anello che quello portava al dito. Era proprio un diamante vero? Sì, lo era. Era stato di sua madre, lo aveva fatto incastonare in una diversa montatura, più... maschile. La pietra mandava bagliori alla luce del mattino e concentrava l'attenzione degli interlocutori. Valentina non partecipava alla conversazione. Su di una rivista cosiddetta femminile già sfogliata da Sara, Enrico scrisse qualcosa e poi porse la rivista a Valentina, mentre gli altri erano disattenti. Nella parte bianca della prima pagina, c'era scritto un numero di telefono e di seguito la parola "chiamami". E, più tardi, mentre lasciavano lo scompartimento per recarsi al ponte della nave traghetto, a Valentina, stravolta dalla nottata insonne che le favoriva il mal di mare, Enrico trovò modo di ripeterle, sussurrando:

«Telefonami. Ti prometto che ti porterò di nuovo al nord. Una ragazza come te, qua in Sicilia, è sprecata. Basta che tu me lo chieda e io ti porto ad Udine con me».

L'accento tradiva la sua origine campana. Quali le vere intenzioni o progetti nei quali la vedeva protagonista?

Valentina fece in modo che il rotocalco non finisse in mano

ai genitori, ma prima ancora che fossero arrivati a destinazione, strappò l'angolo di pagina sul quale Enrico aveva scritto e lo gettò giù dal ponte della nave traghetto. Meglio liberarsene al più presto. I casi della vita sono tanti, sarebbe anche potuta venirle, in futuro, qualche tentazione ora impensabile.

MESSINA

Già calda in marzo. Luminosa, quasi accecante e soprattutto esposta al vento. Spesso il maestrale. Sferzava il viso, scompigliava i capelli. A volte raggiungeva settanta chilometri orari e provocava danni. Il lungomare, ampio, con panchine, alcune palme e qualche sparuto oleandro assetati, conduceva fino alla città, al viale San Martino. Qui un porticato e numerosi negozi, alcuni piuttosto eleganti. Dietro le vetrine di una boutique, molto rinomata, proprietario un certo De Monici, imprenditore piuttosto conosciuto a Messina, s'intravedevano, all'interno, commesse molto attraenti. Vendevano abiti costosi e offrivano sorrisi invitanti alle clienti. A Valentina non sarebbe dispiaciuto, trovarsi all'interno, come commessa o, meglio ancora, come cliente. Ma i prezzi proibitivi sui capi esposti in vetrina non sarebbero mai stati alla sua portata.

L'appartamento affittato per loro dai parenti di Paolo, invece, si rivelò una sorta di tugurio. Così Valentina e Max lo definirono. Due sole stanze. In pratica, un soggiorno angusto che fungeva anche da "sala" da pranzo e una seconda stanza come unica camera. Fu deciso che Paolo avrebbe dormito in soggiorno, sopra una branda da aprire la sera e chiudere al mattino. Tetto basso e macchie d'umidità sopra i muri trattati grossolanamente, grumosi di calce e intonaco mal distribuiti. Un cucinotto angusto, privo di finestra, anch'esso rimediato abusivamente e annerito alle pareti. Nessun aspiratore nel bagno, anzi gabinetto esterno, con un semplice lavabo e un water, niente bidet. Forse, in precedenza, era stato un ripostiglio per attrezzi, anch'esso un arrangiamento frettoloso dell'ultima ora. Niente doccia, o qualcosa di simile. Il tutto doveva essere stato ricavato da un probabile magazzino, aderente all'alloggio principale, occupato dalla padrona di casa. Un piccolo balcone sul retro del cosiddetto appartamento, si affacciava sopra un aranceto. Di bello, se così si può dire, un'ampia terrazza, sul lato anteriore della casa, in comune con la proprietaria, guardava verso il mare. Sulla terrazza, si apriva una porta a vetri. Un accesso di luce dentro la stanza scura. Di fronte, stupendo, il mare dello stretto, dal sorprendente colore blu. Volgendo lo sguardo verso destra, la statua della Madonna della Lettera che pareva sorgere dall'acqua. Poco distante, la cupola del Duomo.

La scalinata di due rampe e molti scalini ciascuna, scendeva al lungomare. Oltre la strada, si accedeva a una piccola spiaggia libera. Nei pressi della scala, un banchetto del pesce pescato durante la notte. Lo gestiva un uomo anziano, padre e nonno di pescatori che, dopo la nottata laboriosa, erano andati a dormire. Davanti alla propria abitazione, l'uomo bandiva la merce a gran voce, cantilenando nel dialetto siciliano. A pochi metri di distanza, la fermata dell'autobus che conduceva in città. Quello che Valentina e familiari avrebbero preso per recarsi al lavoro o a scuola.

Sulla porzione dell'ampia terrazza, la parte che dava sulle scale, Massimiliano avrebbe trascorso la maggior parte del suo tempo al ritorno da scuola. A lui, sì, la scuola era stata concessa. Seduto, con una pila di giornaletti di Tex Willer a lato, li leggeva e rileggeva più volte, manifestando in quel modo la sua silenziosa riprovazione.

Paolo, senza preamboli, suggerì a Valentina, di cercarsi un lavoro al più presto, perché il suo solo stipendio non poteva bastare a mantenerli. Lo stesso invito rivolto a Sara, ma con minor incisività, come a voler darle tempo di adattarsi, o perché si sentiva in colpa verso di lei. Separati in casa, è vero, ma solidarietà e una certa complicità fra loro. Nessun rammarico, infatti, da entrambi, per Valentina costretta a interrompere gli studi. Paolo le aveva dato il proprio nome ma non l'aveva sentita come figlia propria. Del resto, Sara non s'era mai intromessa, né preteso una maggior considerazione per la figlia. Poco madre anche lei che l'aveva partorita, quindi, quanto si poteva aspettare da un uomo che era diventato suo padre soltanto all'anagrafe?

In due settimane, Sara si era trasformata in un donna ingrigita e depressa. Colpa dell'intervento chirurgico "castrante" o dell'obbligo di restare a casa a sfaccendare, o ad arrangiare un pasto per tutti. Naturalmente, s'intende, col sostegno di Valentina, l'altra... disoccupata della famiglia.

Da quasi subito, madre e figlia cominciarono a consultare il quotidiano locale, comprato da Paolo soltanto il giorno in cui vi apparivano le offerte di lavoro.

Valentina sottolineò per sé l'inserzione di uno studio commercialista che richiedeva una segretaria esperta dattilografa e di bella presenza. Lei non era granché pratica di dattilografia. Quel poco che sapeva, lo doveva ad un corso pomeridiano frequentato al tempo della scuola media inferiore. Era stato presto interrotto perché disertato dalle altre allieve che, in un primo tempo, s'erano iscritte. La velocità si acquista con l'esercizio, lei non aveva avuto una macchina per scrivere sulla quale impratichirsi. Qualcosa bisognava pur tentare e, finché le reggeva la bellezza dell'asino, poteva contare sulla bella presenza. Anche se quella richiesta precisa le suonava fuori luogo, perfino sospetta.

Si presentò alla studio all'ora che le era stata fissata per telefono, già c'era una candidata a colloquio con il titolare. Una saletta d'attesa all'ingresso, un tavolino, divano e sedie di legno e paglia. Da lì, si apriva una seconda stanza dove, seduto dietro una scrivania, stava un impiegato. Era intento a scrivere sopra un registro contabile. Sullo stesso tavolo, una calcolatrice e una "lettera 22" dell'Olivetti.

Dopo il primo saluto formale, un'occhiata del ragazzo la percorse dalla testa ai piedi e viceversa. Valentina, in attesa nella saletta d'ingresso, prese coraggio:

«La disturbo se mi siedo ad aspettare nella stanza con lei?».

Il ragazzo sembrò di nuovo studiarla, un po' imbarazzato ma anche compiaciuto.

«No, no, anzi mi fa piacere».

«Lei lavora qui? O stanno cercandole una sostituta?».

«Io lavoro qui e seguiterò a farlo. Ma dammi del tu perché ho sedici anni. E tu quanti?».

«Io diciassette».

Si stupì perché davvero le era sembrato più adulto dei sedici anni dichiarati.

«Mi puoi dire qualcosa... su questo colloquio? È una specie di esame? Io non sono molto veloce a scrivere con la macchina. E... sono abbastanza... agitata. Mi tremano le mani...».

Gliele mostrò, tendendole verso di lui.

Dietro una porta chiusa, a sinistra, c'era lo studio del titolare, da lì si avvertivano voci e il ticchettio rapido di una tastiera.

«Come mai... nell'inserzione... è richiesta la bella presenza?».

Il ragazzo sembrò divertito. «Non è così strano e non mi sembra che tu abbia questo genere di problema... Beh... la bella presenza è importante per l'immagine dello studio... Una segretaria che si presenta bene dà quel certo valore in più».

Niente da ridere su quella risposta. Non aveva altro da chiedergli, era stato fin troppo disponibile. Fu lui a incuriosirsi.

«Tu non sei siciliana, sei... continentale».

«Sono romagnola. L'hai capito dal mio accento?».

«E sì... Se posso dire... è un punto a tuo favore. Sempre per... l'immagine dello studio, intendo. Hai interrotto gli studi o li hai già conclusi?».

«Io... per la verità, pensavo di non averli interrotti. Ho frequentato il secondo anno di Liceo classico a Ravenna, fino a due settimane fa. Per quasi sei mesi. Poi ci siamo trasferiti. E mio padre ha deciso che non può più permettersi di farmi finire l'anno... Tre mesi, o poco più, alla fine dell'anno scolastico. Però, ti prego, queste notizie tienile per te. È una confidenza molto... personale».

Provava sollievo a raccontarsi e le serviva a riprendere il controllo di sé. Le sudavano le mani e le asciugava passandole sui fianchi. Quel ragazzino le sembrava del tutto... innocuo, proprio per via dei pochi anni e poi, nell'ipotesi lontana di un'assunzione, sarebbe stato un collega col quale condividere il lavoro e quindi meglio instaurare subito un buon rapporto.

«Tranquilla. Se non vuoi che ne parli... rispetto la tua volontà ma, secondo me, potrebbe invece tornarti utile parlarne. Il titolare dello studio è mio padre. Meglio dirtelo subito, prima che tu entri dentro per il colloquio. Io vengo in ufficio saltuariamente di pomeriggio, per dare una mano, dopo che la "vecchia" segretaria se n'è andata. Vedova, ha trovato un vedovo che la sposa e... la vuole casalinga».

Il padre! E lei s'era lasciata andare alle confidenze con il figlio dell'ipotetico principale. Davvero sprovveduta e stupida. Peggio di così...

L'altro seguitava: «La mattina vado a scuola. Ragioneria. E quest'anno mi diplomo, poi l'Università».

«Sedici anni e... ti diplomi?».

«Embè? Sedici, quasi diciassette. Sono una specie di genio!!!».

Scoppiò a ridere. Aveva un modo di ridere inquietante, una specie di singulto trattenuto. Timidezza o insicurezza.

Nel frattempo, la porta dello studio si aprì e ne uscì una ragazza bruna, testa alta, aria spavalda e... di bella presenza. Inoltre, se quel ticchettio veloce, che si era ascoltato dietro la porta chiusa, era stata la sua prova di dattilografia, oltre che bella, era anche una veloce dattilografa. Era perfettamente inutile presentarsi dopo di lei. Eppure entrò all'invito del commercialista, ormai rassegnata alla pessima figura inevitabile.

Presentazione, primi convenevoli. Domande. Spiegazioni.

«Una continentale».

Stessa considerazione del figlio poco prima, quasi parlasse a se stesso, mentre prendeva appunti sopra un foglio. A lei, quella definizione risultava piuttosto strana.

«Bene, vediamo come se la cava con la macchina per scrivere. Preferisce sotto dettatura o vuole un testo da copiare?».

Era un uomo dall'aspetto interessante, sulla quarantina. Un viso arabeggiante, un piglio sicuro, lo sguardo di chi sa di avere ascendente sugli interlocutori. Incuteva soggezione. Valentina scelse di copiare un testo, convinta che fosse più facile. E infatti. Lui le porse una lettera già dattiloscritta. Forse dalla ragazza che l'aveva preceduta. Se non altro sarebbe stato possibile copiarne l'impostazione. Ormai era convinta che sarebbe stato un tentativo fallito in partenza.

L'uomo le disse: «La lascio sola, così lavora più tranquilla. Ritorno fra dieci minuti».

S'era reso conto dell'eccessiva agitazione e inesperienza della ragazza e intendeva favorirla o, semplicemente, usciva a commentare con il figlio. Come Dio volle, la prova si concluse.

«Le farò sapere».

Solita clausola che anticipa un rifiuto.

Uscì col volto in fiamme. Un saluto veloce al ragazzo, senza guardarlo. Lui la raggiunse sulla porta d'uscita.

«Com'è andata?».

«Penso malissimo. Sono poco veloce e mi emoziono. Comunque, grazie per la tua attenzione».

Non vedeva l'ora di uscire all'aria aperta e di allontanarsi. Non si era mai sentita così incapace e inadeguata.

Il giorno dopo, era di nuovo uscita per un annunzio che offriva un lavoro di commessa. E, guarda caso, proprio la catena dei negozi d'abbigliamento del De Monici. Anche in quel caso era richiesta esperienza di vendita e, subito dopo essersi presentata, si rese conto che non l'avrebbero presa in considerazione. Al ritorno a casa, Sara le venne incontro tutta elettrizzata.

«È venuto qui "quello" dove sei stata ieri. Sì, il commercialista. Non abbiamo il telefono e allora è venuto di persona. Segno che gli hai fatto una buona impressione. Ha detto che puoi cominciare già da domattina».

Valentina stentava a credere. Però... Immaginò che il figlio avesse perorato la sua causa. Era certa di non essere stata la migliore. O forse essere una "continentale" le aveva dato un vantaggio in più, così come aveva previsto il ragazzo. A riflettere bene... i siciliani pensavano (e pensano ancora) che le continentali siano tutte ragazze "disinvolte", se non addirittura "spregiudicate". Una ragione di preferenza per l'assunzione presso uno studio professionale? Valentina se lo domandava.

A parte le azzardate considerazioni, la mattina dopo si presentò puntuale alle otto e trenta precise.

In seguito, avrebbe scoperto che sì, Antonello, così si chiamava il figlio del dottor Sanni, aveva molto parlato di lei e insistito con il padre perché fosse la prescelta. Gli aveva promesso che l'avrebbe aiutata a impratichirsi nella dattilografia e seguita nell'approccio con i vari registri contabili. E così fu.

Casualmente, qualche tempo dopo, Valentina avrebbe trovato, in un cassetto, una specie di foglio di valutazione, quello sul quale aveva visto il capo prendere appunti il giorno del colloquio, con due voti a fianco di ciascun nome.

Alla ragazza che l'aveva preceduta, un dieci sia per la pratica che per la bella presenza. A lei, un sei per l'esperienza e un nove per l'aspetto fisico, però con l'annotazione: è continentale e abbastanza spigliata. E Antonello fa il tifo per lei. L'ultima frase evidenziata in giallo.

Antonello le fu davvero di grande aiuto, in pratica, divenne il suo tutore. E, in più, l'avrebbe molto incoraggiata perché si presentasse all'esame di passaggio alla classe liceale superiore. La legge lo prevedeva, avendo lei interrotto l'anno scolastico ai primi di marzo.

«Per i libri, non ti preoccupare se non hai più i tuoi. Ci

sono quelli di mia cugina che ha finito il classico l'anno scorso. Poi sono sicuro che ne sai più degli altri: programmi più sostanziosi, al nord. E l'anno prossimo potresti dare l'esame di maturità, da privatista».

Le sembrò una proposta entusiasmante, quasi una favola. Quel ragazzo aveva la capacità di trasmetterle ottimismo.

«Ne ho parlato anche con mio padre ed è d'accordo. Poi, ti dirò, è molto conosciuto in città e tutti lo rispettano, penserà lui alle varie carte che occorrono e le farà firmare a tuo padre, se il caso. O, insomma, magari firmi tu con il nome di tuo padre... può farti comodo per l'iscrizione alla terza e per la giustificazione delle assenze... oppure, se serve, io sono molto bravo a falsificare le firme. Devi solo chiedermi».

Ne aveva, di fantasia, quel ragazzo e risultava perfino divertente nella sua spregiudicatezza. Quel figlio di cotanto padre così influente. Valentina non si fece troppe domande, si affidò all'entusiasmo di lui. Si lasciò coinvolgere.

Dopo un paio di mesi, verso la fine di maggio, il Dr. Sanni, dimostrò di essere molto soddisfatto di lei e della sua capacità e impegno all'apprendere. S'era anche dato da fare con Paolo per la varie firme che occorrevano per farle sostenere l'esame di passaggio alla terza liceo. Soprattutto lo aveva convinto che un titolo superiore sarebbe stato apprezzato dallo studio professionale e le avrebbe aperto nuove prospettive presso di loro.

Era stato molto convincente e poi... a Paolo bastava che non ci fossero spese supplementari e che lo stipendio di Valentina seguitasse a essere corrisposto regolarmente.

Antonello e il padre l'avevano presa quindi sotto la loro protezione. Spesso, la ragazza percepiva su di sé lo sguardo di Alberto Sanni, molto simile a quello di altri uomini, però mai andava oltre. Anzi, l'uomo manteneva sempre un comportamento molto formale e distaccato e seguitava a rivolgersi a lei in terza persona. E lei teneva così tanto a quel lavoro che davvero non sapeva come, in caso contrario, avrebbe potuto regolarsi per non correre il rischio di perderlo. Tenendo anche conto che lui, il Sanni, l'affascinava. Sia per la prestanza fisica, sia per la capacità di tenere gli altri a distanza e, nello stesso tempo, di metterli a proprio agio. A volte rifletteva che le sarebbe piaciuto avere un padre come lui.

Valentina lavorava, studiava e, nel frattempo, portava avanti la corrispondenza con Mauro, il tenente d'artiglieria conosciuto dal finestrino del treno, alla stazione di Bologna. Indirizzava la posta presso la caserma dove lui alloggiava. Alla sua prima cartolina, lui aveva risposto con una lettera. Da lì, un seguito di lettere settimanali. Si era rivelato molto sensibile e intelligente e soprattutto rispettoso. Nessuna proposta sentimentale. Aveva conquistato la sua fiducia, con risposte amichevoli e misurate. Valentina, giorno dopo giorno, si rasserenava e acquistava sicurezza. Cominciava a pensare che la sua vita fosse davvero cambiata in meglio e Messina, così mal considerata all'inizio, le appariva più promettente.

Spesso si tratteneva in ufficio nell'intervallo dalle tredici alle sedici. Antonello, a volte, la raggiungeva, dopo la scuola. Svolgeva i propri compiti scolastici velocemente e poi diceva che avrebbe seguitato dopo cena, a casa. Restava lì, soprattutto, così spiegava, per controllare che lei studiasse. L'ascoltava quando esponeva a voce alta argomenti di storia o letteratura. Le poneva domande. Serviva anche a lui, diceva. La sua presenza le diventava preziosa per la matematica, materia che le risultava più ostica. Per il latino e il greco, doveva arrangiarsi da sola ma riconosceva che, così come aveva previsto Antonello, il programma svolto a Ravenna, in meno di due anni di liceo, era stato davvero più vasto e approfondito di quello che ora le si presentava a Messina.
Verso le tredici e trenta, ordinavano per telefono qualcosa alla rosticceria vicina. Per Valentina, sempre meglio dei pasti improvvisati a casa, visto che Sara, a sua volta, aveva trovato un lavoro presso una fabbrica che inscatolava ton-

no e rincasava dopo le diciassette. L'unico a rientrare a casa, dopo la scuola, verso le tredici, era Max e doveva provvedere come poteva. Sempre, però, la sera, o lei o Sara preparavano qualcosa che lui avrebbe dovuto soltanto riscaldare. Tutto sembrava scorrere per il meglio, unica nota negativa l'estate che si avvicinava e il caldo che, all'interno dello studio poco ventilato, si faceva più fastidioso.

Il sabato pomeriggio l'ufficio restava chiuso, ore che erano state recuperate nei giorni precedenti. Antonello prese l'iniziativa di presentarsi a casa di Valentina sempre con lo scopo di darle una mano per le materie scientifiche. Era appena un ragazzino, inoltre era il figlio del principale, nessuno si sognò di fare obiezione.

Divenne un'abitudine che si ripeteva, a volte, oltre al sabato pomeriggio, anche di domenica. Il ragazzo fece amicizia con Massimiliano che, dopo poco, stravedeva per lui, anche perché Antonello arrivava sempre con qualche nuovo giornalino di Tex Willler o dell'Uomo Mascherato e glielo regalava. Inoltre, se Max, aveva qualche difficoltà con la matematica, ecco che Antonello interveniva. Ogni tanto uscivano in tre, raggiungevano a piedi la spiaggetta sotto casa e Antonello, con l'immancabile macchina fotografica a tracolla, scattava foto. Le più prendevano a soggetto Valentina che non era in condizioni di rifiutare, poiché era in credito con lui. E poi di Antonello si fidava, lo considerava come un cucciolo festoso e fedele e gli si era affezionata.

Nunzia, l'anziana padrona e vicina di casa, si faceva sempre più spesso trovare sulla terrazza, all'ombra di un ombrellone infilato in una base di cemento. La pelle le era diventata color cuoio, ma lei non demordeva e non si allontanava da quella postazione. Era una specie di... telecamera vivente, alla quale non sfuggiva alcun movimento della famiglia accanto. In parole povere, spiava e registrava tutto mentalmente. All'arrivo, ormai frequente di Antonello, si metteva a cantare, a squarciagola, una vecchia canzone: " tu passi e spassi sotto a 'sto balcone, ma tu si' guaglione....". Fastidiosa per non dire odiosa. Eppure, quel suo canto sguaiato era un avvertimento da non sottovalutare. Nessuno lo intese come tale, ma soltanto come un disturbo antipatico, per non dire maligno, tanto per indispettire i suoi inquilini.

«È anziana e un po' rimbambita» commentava Massimiliano, rivolto ad Antonello. Lui rispondeva con quel suo sorrisetto sarcastico che sembrava una forzatura. All'arrivo, salutava la donna con un certo riguardo, così da risultarle, almeno lui, simpatico.

L'INIZIATIVA DI MAURO

Quel sabato, alle tredici e trenta, Valentina era già arrivata sotto casa. Era scesa dall'autobus che, dal viale San Martino, si fermava a pochi metri dalla scalinata. Detestava quella specie di casa che, per quanto avessero tentato di migliorarla, restava sempre uno squallido alloggio.
Appoggiata a una delle colonne alla base della scala, una figura maschile era in attesa. Valentina, sul momento, non lo riconobbe. Lo aveva visto una sola volta e per lo più in divisa, mentre ora si presentava in abiti borghesi. Lui s'illuminò in un largo sorriso, vedendola arrivare. Valentina intuì chi fosse e ne fu turbata.
«Sai chi sono?».
«Sei... Mauro... in un primo momento non ti ho riconosciuto».
«Io sì, subito».
Lo invitò a salire con lei. Considerando che Paolo e Sara sarebbero rincasati verso le diciassette, c'era tutto il tempo di preparasi a dare loro una spiegazione. Non così difficile, dal momento che la fitta corrispondenza postale fra i due, era stata più che evidente per tutti.
Si vergognava a farlo entrare in quell'alloggio squinternato, ma cercò di mostrarsi naturale. Mauro nemmeno girò lo sguardo intorno, troppo intento a guardare Valentina. Lo invitò a pranzo e lui accettò. Max si dimostrò piacevolmente incuriosito e simpatizzò subito con il nuovo venuto. Valentina improvvisò qualcosa di meno frettoloso del solito, da servire in tavola. Del resto, mostrarsi indaffarata era un modo per nascondere l'imbarazzo. Per lettera, si erano detti molto,

adesso, di persona, la difficoltà di imbastire un dialogo, degno di essere tale, le seccava la gola. Lo osservava di sfuggita e constatava come gli abiti borghesi non gli rendessero merito. Un aspetto... indifeso e meno attraente di come le era parso dal finestrino del treno. Molto alto e magro, dinoccolato e la giacca... gli piangeva addosso. Segno che prima doveva essere stato più robusto, sempre che la giacca non fosse... in prestito.

«Puoi toglierti la giacca, se senti caldo».

Dalla portafinestra aperta e assolata entrava aria inesorabilmente calda. Mauro acconsentì ma, senza giacca, sembrò ancora più magro. Però non perse la sua disinvoltura. Aneddoti irresistibili e risate. Mauro era anche attento a lasciare spazio a Max, dandogli considerazione. Contava di farsi un alleato. Nello stesso tempo, Valentina, fra sé, era grata al fratello che, in certe circostanze, si rivelava davvero indispensabile. Nonostante la differenza di età, i ventun anni di Mauro, fra i due, s'instaurò subito una bella intesa. Mauro, spigliato e brillante, si rivolgeva anche a Valentina che gli era parsa piuttosto diffidente. Riuscì a metterla a proprio agio, la fece partecipare alla conversazione, quasi che lui fosse stato il padrone di casa e lei l'ospite. L'aiutò a sparecchiare e a portare i piatti nell'acquaio del cucinotto angusto. Lei lavò le stoviglie e lui pronto ad asciugarle. Come uno di famiglia, appunto.

Valentina, improvvisamente, si ricordò che sarebbe arrivato Antonello, come di solito il sabato dopo pranzo. Per come la giornata era stata stravolta, se ne era dimenticata.

«Devo chiederti un favore... – improvvisò – ti dispiacerebbe far credere al ragazzino che verrà fra poco che sei... il mio fidanzato? Così per... finta. Sai, i siciliani hanno una mentalità ristretta e Antonello più di tutti. Preferisco che ti creda il mio fidanzato».

Proposta senza capo né coda, quasi indecente, ma gliela suggerì l'istinto. Anche Max, che aveva ascoltato, in un primo momento se ne stupì ma poi capì le ragioni della sorella. Qualche sospetto, sull'eccessiva frequenza di Antonello, l'aveva anche lui.

«Se vuoi, posso far finta anche con i tuoi genitori. A essere sincero, la parte del tuo fidanzato mi starebbe bene anche senza fingere».

Tono scherzoso, ma sguardo convinto di chi non sta scherzando.

Dopotutto, perché no, pensò Valentina. La presenza di un fidanzato, lei lo sapeva, è una specie di garanzia di serietà e perfino una protezione all'invadenza maschile, troppo spesso subita. Anche a Ravenna, quello con Marpio era stato un fidanzamento di... convenienza. La differenza stava nel fatto che, adesso, con Mauro era stata più esplicita, quindi più corretta. Eppure, le sarebbe capitato di riflettere, a volte, che, se Marpio fosse stato più serio e affidabile, la loro storia avrebbe potuto avere sviluppi diversi.

«Va bene, io ci sto. Diciamo anche a miei che sei il mio fidanzato, ma... ricorda che sarà per finta. Un modo di essere più liberi, di frequentarci. Tu potrai tornare a trovarmi e io potrò invitarti a pranzo anche in presenza dei miei genitori».

Forse a Mauro la proposta era sembrata stramba o l'aveva fraintesa o, viceversa, l'aveva considerata conveniente, certo che, senza pensarci troppo, aveva subito accettato. Da cosa nasce cosa, aveva pensato. Valentina gli piaceva molto e già fantasticava di esserne innamorato ma, nello stesso tempo, capiva che non sarebbe stato facile conquistarla. Bisognava darle tempo e assecondarla, mai forzarla o cercare di prendere il sopravvento.

Mantenne quel suo tono scanzonato: «Di fronte agli altri, perché la commedia sia credibile, potrò stringerti la mano e salutarti con un bacio sulle labbra? Appena sfiorate, s'intende».

«Vedremo al momento». Fu la risposta laconica di lei.

Antonello arrivò puntuale come sempre. Nunzia, a squarciagola, con quella sua canzone, ad annunciarlo.

Per il ragazzo fu una sorpresa sgradita trovare in casa di Valentina un uomo che non era della famiglia. La presentazione che seguì, per lui, fu ancora più spiacevole, ma cercò di non dimostrarlo e di fare il disinvolto. Max non ebbe il coraggio di sostenere il suo sguardo interrogativo. Aveva visto sbiancare il viso dell'amico.

«Non sapevo che tu fossi fidanzata, non me lo avevi detto...».

«Non me lo hai chiesto. E poi, è da poco tempo che ci siamo fidanzati. Poco prima della mia partenza da Bologna. Nemmeno Max lo sapeva».

«Vero Max che non te lo avevo detto?».

Max, a occhi bassi, confermò. Lo stesso imbarazzo, al rientro di Sara e Paolo. I due ne furono sorpresi ma non si dimostrarono contrariati. E poi... un militare... perfino un ufficiale dell'esercito. Un fidanzato di tutto rispetto.

Nel pomeriggio, furono in quattro in giro per la città, con Antonello che si era proposto di far loro da cicerone. E, sfrontatamente, per il giorno dopo, li invitò al Lido di Mortelle, dove aveva la cabina fissata per tutta la stagione. E, dopo la giornata al mare, perfino si unì agli altri per accompagnare il fidanzato di Valentina alla partenza per Bologna. Mauro aveva spiegato di non poter permettersi più che un fine settimana, dovendo, il lunedì, essere presente in caserma. Sarebbe tornato, promise, quindici giorni dopo. E, con quell'intervallo, sarebbero state distribuite le sue visite fino all'inizio di settembre. Prima di salire sul treno, quello che poi sarebbe stato caricato sulla nave traghetto, ci fu, giocoforza, un bacio appena sfiorato, a rendere credibile il saluto di due fidanzati. Gli occhi di Antonello non si staccavano da loro. Troppo intelligente per non avere dubbi o sospettare una messa in scena.

Il suo commento, alla fermata dell'autobus che avrebbe riportato a casa i due fratelli, fu sorprendente: «È davvero molto simpatico, una persona in gamba, questo tuo fidanzato. Hai scelto bene, Valentina». Un certo sarcasmo e rabbia mal digerita nella voce.

In seguito, invece, si sarebbe dichiarato grande amico di Mauro, rispettandolo come "il fidanzato di Valentina". Si sarebbe perfino eletto a protettore di lei, così da salvaguardare la serietà di quel fidanzamento e proteggerne la continuità. Come a dire che le avrebbe fatto da custode o... da guardiano, così che lei non dovesse cedere ad eventuali diversivi o tentazioni.

QUANDO IL CASO SI METTE DI MEZZO

Uscire con Sara era abbastanza raro. In genere, la donna preferiva avere con sé soltanto Massimiliano. Si rendeva conto che Valentina, adesso, era fin troppo femmina e, per di più, molto attraente. In Sara, più o meno consapevole, un sentimento di rivalità. Antagonismo. Quel sabato, invece, propose alla figlia di andare insieme al cinema, quasi una gentile concessione, soprattutto perché Max era stato invitato alla festa di compleanno di un compagno di scuola e non aveva voluto rinunciare.

Camminavano, quindi, affiancate sotto i portici del viale San Martino, belle, altere entrambe, calamitavano sguardi maschili. La ragazza, guardava diritto davanti a sé a dimostrare distacco e per evitare equivoci. Basta così poco a volte... una semplice occhiata, specialmente se di una continentale al Sud.

«Ma sei proprio tu!!! Valentina...». Voce maschile stravolta dalla sorpresa.

Fu inevitabile guardarlo, suppose perfino fosse un ipotetico cliente dello studio, più sfrontato degli altri. Eppure a nessuno aveva dato confidenza.

Era Rinaldo, l'uomo del passaggio in auto, di due estati passate. A Ravenna. La sorpresa divenne anche sua. Lui più o meno uguale, così come lo ricordava, un uomo intorno ai trenta, attraente, tuttavia troppo maturo per lei, oggi come ieri. Valentina adesso più donna, ma non così cambiata da non essere riconoscibile. E infatti Rinaldo l'aveva subito riconosciuta.

«Ti sei fatta più bella. Già lo eri, ora di più». Sguardo fisso e stupore ammirato su di lei. La bellezza dell'asino si rivelava ancora una volta una gran seccatura. Così ironizzò fra sé Valentina. Sara non sembrò contrariata, semmai compiaciuta, molto intenta a osservare, sorridendo, il nuovo arrivato. Molto più vicino a lei per età, piuttosto che alla figlia.

«Come mai vi conoscete?».

Rinaldo le piaceva, era evidente, così come aveva ipotizzato Valentina al tempo del passaggio in auto verso Punta Marina, a Ravenna. S'era detta allora che, un uomo come Rinaldo sarebbe potuto piacere a sua madre.

«È un amico del padre di Valeria, lo abbiamo incontrato qualche volta al mare. Ti ricordi quando andavamo a Punta Marina, io, Max, Manuela e Valeria?». Valentina si ritrovò a mentire spudoratamente, sperando di non essere contraddetta da Rinaldo.

Lui se ne guardò bene. Del resto che vantaggio ne avrebbe avuto? Invece imbastì una serie di domande, una di seguito all'altra, rivolte ora all'una e ora all'altra. Come mai in Sicilia. Per quanto tempo. Non sarebbero più tornate a Ravenna? Lui in Sicilia per lavoro. La ditta farmaceutica gli aveva affidato quella zona in sostituzione di un collega. Non ne era stato entusiasta, ma... adesso sì. Mai avrebbe pensato di incontrare qualcuno di Ravenna, là a Messina.

Sara, un'occhiata all'orologio, fece notare che erano dirette al cinema e rischiavano di perdere l'inizio dello spettacolo.

Rinaldo chiese: «Mi presenti tua madre?». Aveva detto madre e non sorella. Per Sara uno schiaffo morale e lo dimostrò la sua espressione contrariata.

«Una madre giovanissima». S'era salvato in corner. E commentò, compiacente, rivolgendosi a Valentina: «Deve averti avuta da bambina».

E, infatti, Sara subito precisò che... era stato un errore a quindici anni, un'ingenuità imperdonabile. Un errore. Considerazione infelice nei confronti di Valentina, che la subì senza batter ciglio. Sara invitò Rinaldo a unirsi a loro. Lui accettò senza esitazione, pur sapendo che sarebbe mancato ad alcuni appuntamenti fissati con medici in precedenza. Mancanza di professionalità ma, d'altra parte, quell'incontro sorprendente gli offriva un'occasione che non voleva lasciarsi sfuggire.

All'interno della sala di proiezione, ignorò il gesto di Sara che gli indicava la poltrona accanto a sé e si sedette vicino a Valentina. Possibile che la donna non avesse ancora capito verso chi era rivolto l'interesse di Rinaldo? Sara, una donna immatura, nonostante l'età e le varie esperienze deludenti, ignorava il ruolo di madre e, ancora una volta, si sentiva in competizione con la figlia.

La colonna sonora elevata esaltò una scena particolarmente drammatica sullo schermo. Rinaldo approfittò della musica, quasi frastuono, per sussurrare all'orecchio di Valentina: «Voglio rivederti da sola, è importante».

Valentina non diede segno di aver ascoltato. A Sara non passò inosservato quel gesto, anche se non riuscì a percepire le parole.

Conclusione del film, qualche commento contraddittorio. Troppo drammatico. Eccessivo. Tuttavia una storia passabile. Bravi gli attori, per fortuna.

Sara sospinse la figlia all'uscita, mettendole fretta, per non perdere la corsa dell'autobus diretto a casa. Si rivolse a Rinaldo con la mano tesa per salutarlo, ma lui subito: «Ho l'auto parcheggiata qui vicino. Due passi appena. Posso accompagnarvi».

Valentina già pronta al rifiuto ma Sara la precedette: «Grazie. Ne approfitto volentieri, se non la disturba».

Questa volta – per... diritto d'anzianità – Sara conquistò la posizione accanto al posto di guida. Ma Rinaldo, guidando, si rivolse prevalentemente a Valentina guardandola attraverso lo specchietto retrovisore. Sara ne sembrò contrariata, perfino a disagio, un suo tentativo di conversazione non ebbe gran successo.

Improvvisa la domanda di Rinaldo: «Signora, lei mi permetterebbe di incontrare sua figlia e di frequentarla? O le sembro troppo anziano per Valentina?».

Sara rigida: «Sì, direi che lei abbia, poco meno dell'età che avrebbe oggi suo padre, se fosse ancora vivo. Trentasei anni. Del resto, io ne ho trentadue».

Come mai Sara, invece che riferirsi a Paolo, genitore legittimo, era risalita al padre biologico di Valentina? La figlia se lo chiese e si rispose che probabilmente era stata, per sua madre, una semplice esigenza anagrafica. Sara non sopportava equivoci riguardo alla sua età, quelli che sarebbero potuti nascere, avendo una figlia di diciassette anni.

«Ha ragione in parte, io e lei siamo coetanei. Ho trentadue anni anch'io, quindi abbastanza maturo per rispettare l'intelligenza e la volontà di Valentina. Infatti ritengo che sappia decidere da sola, se frequentarmi o meno, indipendentemente dalla sua età».

«Mia figlia è minorenne. Da qui ai ventun anni c'è ancora tempo».

«Capisco la sua preoccupazione ma lei cerchi di capire me. Per me è quasi miracoloso aver ritrovato qui Valentina. Le mie intenzioni sono più che serie. Facciamo l'ipotesi che io, un giorno, voglia sposarla e che Valentina sia d'accordo, lei si opporrebbe?».

Sara si girò verso Valentina: «Non hai niente da dire tu? Che cosa c'è sotto questa storia? Non sei fidanzata con Mauro?». E rivolta all'altro: «Lei non sa che Valentina è fidanzata con un ottimo ragazzo e... »

La interruppe: «Ero fidanzato anch'io, fino a pochi mesi fa, a Ravenna. Ti ricordi, Valentina, quando ne parlavo con la mamma di Valeria? I fidanzamenti si possono anche rompere».

Nemmeno l'aveva mai vista, lui, la madre di Valeria. Mentiva avvalendosi della menzogna precedente di Valentina.

La ragazza sempre più insofferente dell'interesse maschile, già così frequente nella sua vita.

«Non ho intenzione di lasciare il mio fidanzato. Sono innamorata di lui e, se volessi sposarmi, sposerei lui».

Non erano parole che corrispondevano a pensieri ma servirono a tranquillizzare Sara e, nello stesso tempo, a far desistere Rinaldo da quel genere di conversazione. Lui, infatti, tagliò corto: «S'intende che io formulo soltanto delle ipotesi. Prendetele come tali».

Saluti formali all'arrivo. La sua stretta di mano a Valentina fu d'intesa, per voler ricordarle la frase sussurratale al cinema. Come per caso, precisò il nome dell'albergo in cui si sarebbe fermato alcuni giorni. Più tardi, in casa, l'interrogatorio di Sara, che s'era insospettita di chissà quale tresca precedente. Valentina la convinse del contrario. Oltretutto, troppo vecchio per lei, commentò. Logica considerazione.

Mai avrebbe voluto trovarselo all'uscita dal lavoro, la sera del lunedì successivo. Lei che usciva dallo studio con Antonello e Rinaldo fuori ad aspettarla.

«Ho promesso a tua madre che ti avrei accompagnata a casa».

Sapeva mentire spudoratamente. Valentina non si sarebbe meravigliata se avesse ancora avuto, a Ravenna, una fidanzata ben presente, o una moglie, ignara.

«Ma chi è, lo conosci?».

Antonello si mise fra loro, protettivo e allarmato.

«Sì, è un conoscente di mia madre». Ormai, da Sara aveva imparato a mentire con disinvoltura. Antonello molto infastidito, anzi dubbioso, lo scrutava.

«Anch'io sono amico di famiglia e sto accompagnando Valentina a casa, in autobus, come tutte le sere. Non capisco questa novità».

Valentina cercò di pacificarlo. Rifletteva che era meglio chiarire la sua posizione con Rinaldo, il prima possibile, ché si levasse certe fantasie dalla testa, quindi meglio farlo subito, in privato. Sentiva ribollirle dentro la voglia di ridimensionarlo in modo definitivo. Diciassette anni ma non era, alla fine, una sprovveduta. Tutte quelle pretese, soltanto per averle dato qualche passaggio fino al mare, consuetudine interrotta da lei proprio per non aver voluto accettare le sue avances.

La causalità li aveva fatti rincontrare, ma non ritrovare, anche perché non si erano mai trovati. Salutò, quindi, Antonello, sempre più contrariato e seguì Rinaldo per salire in auto con lui. Che Antonello ne fosse informato la metteva in una condizione di relativa sicurezza. Non le sarebbe accaduto niente di grave, dal momento che il ragazzo sapeva esattamente con chi si era allontanata.

Rinaldo, però, non prese la strada di casa, anzi si allontanò dalla parte opposta, nonostante le proteste di Valentina. Fermò l'auto abbastanza fuori mano.

«Adesso parliamo più tranquilli. Che mi piaci lo sai fin da due estati fa. Capisco che eri troppo bambina ed è anche vero che allora avevo una fidanzata molto possessiva e gelosa. Per questo l'ho lasciata sei mesi fa: non ne potevo più delle sue scenate. Vero anche che ho trentadue anni e tu diciassette. Eppure, devi credermi, io non ho mai smesso di pensarti, dopo che sei sparita. E incontrarti di nuovo adesso, qui, mi ha sconvolto e mi esalta. Non prendermi per pazzo. Io, se tu vuoi, sono disposto a sposarti nel giro di pochi mesi e, quindi, riportarti al nord».

Insomma, il matrimonio come... grazia ricevuta e un altro uomo che voleva riportarla al nord. Quasi che la Sicilia fosse stata un luogo di disperazione. E ancora parole, tante e senza senso.

«Non so se sei pazzo, so però che io non voglio sposarti né fra due mesi né fra due anni. Mi ha sorpresa rivederti e mi ha fatto perfino piacere. Ma se non mi riporti subito a casa, scendo e faccio tutta la strada a piedi».

Lui, per risposta, fece il gesto di abbracciarla e lei aprì lo sportello dell'auto. La fermò.

«Lascia stare. Ti riporto a casa. Sarò anche un pazzo, ma non un maniaco e nemmeno un criminale. Vero che ti desidero, ma non ti voglio per forza».

Aveva già sentito quella frase, da Marpio, tempo prima, sulla riva del Senio.

Il tragitto di ritorno fu silenzioso. Neanche un saluto da parte di Valentina quando scese dall'auto. Rinaldo, prima di ripartire, le rilanciò: «Il nome dell'albergo lo conosci, se ci ripensi, sai dove trovarmi».

Non gli rispose e si avviò verso la scalinata che portava a casa. Sentiva le gambe intorpidite, era spossata: una stanchezza che non era soltanto fisica. Scontenta di se stessa. Perché mai aveva accettato di seguirlo? Non l'avrebbe mai ammesso, ma forse aveva sperato, trovandosi sola con lui, di riconoscere in sé un maggior interesse. Che fosse più adulto di lei non rappresentava più un inconveniente tanto significativo, non così come lo era stato due anni prima. In parole povere, adesso aveva sperato in una minima possibilità d'innamoramento. Non era la differenza d'età a renderglielo distante, piuttosto l'indifferenza, anzi ripulsa, al minimo accenno di contatto.

Antonello uscì dall'ombra. Aveva ugualmente preso l'autobus anche senza Valentina. Subito si rivelò molto agitato, anzi fuori di sé.

«Dove sei stata?! Se Mauro sapesse che te la fai con quel vecchio? Secondo te come la prenderebbe?».

«Per piacere, non mettervi anche tu idee sbagliate in testa. Ho voluto parlargli, senza testimoni. Per un certo riguardo a lui. A tu per tu, è stato più facile fargli capire che non m'interessa e non deve più cercarmi».

«Allora non è vero che è amico di tua madre».

«Conosce mia madre, questo è vero "una mezza verità" ma non so da dove gli sia uscita l'idea che io possa ricambiare le sue attenzioni. Adesso è meglio che tu riprenda l'autobus, Antonello. È l'ultima corsa. Altrimenti ti tocca farla a piedi. E credo che tuo padre vorrà delle spiegazioni per tanto ritardo».

Un saluto demoralizzato e insieme rassegnato da parte di Valentina. Stizzito e poco convinto quello di Antonello. La ragazza, moralmente stanca, si sentiva perseguitata, condannata senza possibilità di appello. Delusa, si sentiva improvvisamente tradita anche da coloro in cui aveva riposto la sua fiducia. Per esempio, da Antonello. L'amore così come lo aveva inteso e sperato, era stato soltanto una sua fantasia. L'attenzione maschile scaturiva soltanto dal desiderio fisico e non da quello che lei aveva ipotizzato e fantasticato.

Il giorno dopo, avrebbe dovuto affrontare Antonello per convincerlo della sua buona fede. Preferiva che non raccontasse a Mauro quell'episodio.

E, infatti, il ragazzo si sarebbe lasciato convincere a non riferire, sia pure a malincuore. Da quel momento in poi, però, il suo atteggiamento protettivo sarebbe cambiato in una sorta di controllo continuo. Più guardiano che amico e molta diffidenza verso chiunque le si fosse avvicinato. Sostenne di farlo per l'amicizia con Mauro.

NON C'È DUE SENZA TRE

C'era stato Mauro ad aspettarla sotto la scalinata e ne era seguito un fidanzamento più di circostanza che d'amore. C'era stato l'incontro imprevisto con Rinaldo, perfino straordinario, se non fosse stato per il disinteresse di Valentina verso di lui. Adesso, sotto la rampa di scale che salivano all'abitazione, c'era Marpio.
Appena scesa dall'autobus, lo vide venirle incontro. Una morsa allo stomaco. Antonello, sull'autobus, l'aveva accompagnata, al solito, fino alla fermata, senza scendere con lei. L'autobus avrebbe proseguito, altre due fermate, fino al capolinea per poi tornare indietro. Attraverso il finestrino, vide quell'uomo andare incontro a Valentina e si sentì rimescolare il sangue. Valentina, come il miele per le mosche, pensò. Gli uomini ci finivano incollati. Dal capolinea, l'autobus tornò indietro ma non sostò alla fermata, là dove era scesa Valentina. Per l'autista era diventato un rituale, la ragazza scendeva, il ragazzo restava e al ritorno proseguiva fino alla città. Ogni sera, da settimane. Quindi nemmeno rallentò la corsa alla seconda fermata di ritorno. Né il ragazzo gli chiese di fermare. E poi fu un attimo. Un'occhiata fuori gli fece andare il sangue alla testa. Marpio aveva bloccato Valentina contro il muro di sostegno alla scala e... la baciava. Dallo specchietto retrovisore, l'autista osservò il ragazzo e notò la sua espressione sconvolta. Le corna non piacciono a nessuno, pensò. Un po' dispiaciuto per lui e un po' divertito.
Antonello non poté realizzare, nell'arco di pochi secondi, che si era trattato di una prepotenza, quasi violenza. Non

fece in tempo a vedere che Valentina reagiva divincolandosi e puntando le mani al torace di Marpio per respingerlo.

Se Marpio aveva inteso sorprenderla, c'era riuscito. Apprensione e forse anche paura. Inoltre, il susseguirsi degli eventi negli ultimi giorni le avevano creato ansia e l'avevano resa più vulnerabile.

«Tu che ci fai qui?».

Nessun segno di compiacimento nell'accoglierlo, tutt'altro. Mai avrebbe immaginato di trovarselo di fronte, là a Messina, dopo averlo lasciato a Ravenna alcuni mesi prima, dopo un fidanzamento fasullo, rotto prima ancora di sapere che si sarebbe trasferita.

«Sono in ferie. Ti dispiace se passo qui le mie ferie? Avevo una gran voglia di rivederti».

Marpio, straordinario per lui, aveva abbandonato la riviera adriatica, la caccia alle straniere, le avventure estive, le tacche alla cintura? Valentina se lo chiese e si chiese anche chi poteva avergli dato il suo indirizzo preciso. Gli unici, ai quali lo aveva lasciato, erano i familiari della povera Loretta, con l'impegno di non condividerlo con altri. Mai fidarsi del tutto, nemmeno degli amici. Questi, in pochi attimi, i pensieri di Valentina.

«Tu puoi passare le ferie dove vuoi, spero soltanto che non pensi di passarle con me. Ci siamo lasciati da tempo, lo ricordi?».

Arrivati alla scala, proprio in quel momento, era passato l'autobus di ritorno, con Antonello sopra, mentre c'era stato quella specie di abbraccio imprevisto e violento e quel bacio che lei non aveva ricambiato.

«Non devi toccarmi. Io sono fidanzata con un altro, adesso. Puoi passare le tue ferie dove vuoi ma non con me».

Convinta delle proprie ragioni, non si era resa conto di ferirlo e di essere perfino crudele. Ma la sua esasperazione andava ben oltre. Fino al rifiuto del maschio in generale, persuadendosi che l'amore di coppia, così come lo aveva inteso lei, non esisteva. Nella testa degli uomini, in modo particolare in quella di Marpio, lei leggeva soltanto una volontà di possesso.

«Tua madre mi ha invitato a cena, per stasera dovrai sopportarmi».

Ancora una volta dovette sottostare al volere di quei genitori che mai si preoccupavano di considerare un suo parere diverso.

Paolo e Sara chiacchierarono di continuo, tempestando Marco-Marpio di domande. Tante curiosità su alcune conoscenze di Ravenna, Paolo preoccupato di ipotetici strascichi alla sua fuga. Marpio lo rassicurò: non c'era stato alcun seguito di pettegolezzi. Forse tutto si sarebbe risolto per il meglio anche senza trasferirsi in una città così distante. Questi gli argomenti a tavola. Poi Marpio si rivolse a Valentina.

«Ho rivisto quel tuo amico, quello alto e moro che somiglia un po' a Gregory Peck. Stava con una ragazza bionda. Forse la sorella o un'altra. Ho guardato lui e meno lei. Però non mi sembrava sua sorella. Anche se le ho parlato una sola volta, insomma, la riconoscerei».

Fitta al petto, ma con quale diritto? Se Marpio aveva voluto ferirla, c'era riuscito.

A fine cena, mentre ancora gli altri chiacchieravano intorno al tavolo, Valentina si alzò ed andò al balcone sul retro della casa, quello che s'affacciava sull'aranceto. Aveva bisogno di restare sola.

Fu un errore? Certo fu male interpretato. Marpio la raggiunse, mentre gli altri si affaccendavano fuori e dentro il cucinotto, ignorandoli. Perfino Paolo, che non era solito raccogliere uno spillo se gli era cascato, si prodigò ad aiutare Sara. O forse finse di farlo. Poco dopo, in tre, sarebbero usciti sulla grande terrazza, dal lato opposto ai due sul retro. Peggio ancora, avrebbero sceso le scale e attraversato la strada fino al piccolo stabilimento balneare davanti casa. Per rinfrescarsi un po', così, dopo, si sarebbero giustificati. Quando mai Paolo era solito uscire di casa con Sara e Max? Fu più che evidente, come già una prima volta a Ravenna, che avevano voluto, di proposito, lasciarla sola con Marpio. Possibile che non si fossero resi conto di quanto lei fosse contrariata?

«Scendiamo anche noi » e fece per avviarsi.

Il suo invito cadde nel vuoto. Marpio la costrinse all'angolo del balcone, impedendole ogni movimento. Né lei avrebbe voluto alzare la voce, per non attirare la curiosità maligna della padrona di casa.

«Ho fatto tutto questo viaggio per stare solo con te e tu mi vuoi scappare?».

Chissà quali propositi nella sua testa. Valentina ricordava l'affermazione, ormai lontana, di Marpio: non sarebbe andato oltre, se non fosse stato assecondato. In quella circostanza si smentì. Sembrò avere cento mani, lei se le sentiva dappertutto. Ciò che le fece ancora più rabbia fu avvertire in sé una reazione fisica che gli corrispondeva, contraria al rifiuto mentale. Perché, è inutile negarlo, a diciassette anni, c'è un risveglio ormonale che può creare subbuglio anche quando non lo si vorrebbe. Prevalse l'istinto di difesa da lui e da se stessa. La mano libera sul viso di Marpio e le unghie lunghe affondate con forza. Una reazione forse eccessiva ma, nello stesso tempo, incontrollabile.

Marpio indietreggiò di scatto, con un gemito di dolore fisico. Si toccò il viso e si vide le dita sporche di sangue.

«Sei impazzita?! Poco più su e mi avresti accecato. Sei più pazza di una gatta pazza».

Ma Valentina era riuscita, in quel modo, a liberarsi dalla presa di lui. Corse, quindi, fuori, per raggiungere gli altri sulla spiaggia. Furiosa con loro che s'erano resi complici. Come quella volta in cui Sara l'aveva mandata al compleanno di Ornella. Adesso era certa che, anche allora, non fosse stato un caso.

«Vi siete messi a fare i ruffiani adesso? Lo sapete che voglio bene a Mauro e sono fidanzata con lui?».

Erano, o sarebbero dovuti essere, la sua famiglia e invece li scopriva completamente estranei, nessuna comprensione o solidarietà per lei.

Marpio dovette ricorrere al pronto soccorso per farsi medicare. E, il giorno dopo, sarebbe ripartito, dopo aver salutato soltanto Paolo, sul posto di lavoro.

Paolo lo riferì la sera, con un tono di biasimo, di assurda commiserazione e insieme di sarcasmo. Su di lei, uno sguardo troppo poco paterno, così come altre volte lo aveva sorpreso.

CONSEGUENZE

Valentina, era solita arrivare in ufficio per prima. Aveva le chiavi e quindi il compito di aprire lo studio. Ormai da qualche mese. Di lei si fidavano. Quella mattina, lo studio era già aperto, Antonello l'aveva preceduta. Nell'entrare, intravide la propria immagine riflessa nella porta a vetri. Agosto. Abbronzantissima, per quella scala percorsa sotto il sole quando rientrava all'ora di pranzo e, nelle ore più calde, in prendisole, sulla terrazza, sotto lo sguardo disapprovante di donna Nunzia che, a volte, la osservava, affacciata alla finestra. Troppo caldo per sostare al sole, per una donna anziana. Dal mese di luglio, Nunzia aveva rinunciato alla siesta pomeridiana sotto l'ombrellone, aveva abbandonato la postazione di controllo. Adesso, per la maggior parte del tempo, se ne stava rintanata in casa con un ventilatore sempre in funzione. Un sollievo, per Valentina, poter evitare la malignità di quello sguardo fisso su di lei.

Assurdo flash di memoria nell'attimo prima di entrare in ufficio. Le sembrò, dopo, che, da quei pochi secondi, fosse trascorso un secolo.

Antonello, braccia conserte, ad aspettarla. Come un giudice, pronto alla sentenza di condanna, prima delle ragioni dell'accusato.

«Ce l'hai con me?» lo affrontò Valentina. Meglio aggredire prima di essere aggrediti. È una regola che può funzionare.

«Voglio solo sapere quante tresche hai e per quanto tempo vuoi prendere in giro quel poveraccio di Mauro».

Più depressa che contrariata, non riuscì ad essere efficace.

«Senti, ragazzino, ti ho dato anche troppa confidenza e non devi approfittartene. Io non ho tresche e tu sei un maleducato che non ha il diritto di rivolgersi a me con quel tono».

Lui imperterrito, occhi stretti in due fessure.

«Non sono un ragazzino e non sono stupido. Sono amico di Mauro e ho il dovere di informarlo di come si comporta la sua ragazza».

«Che dovere e dovere, chi credi di essere. Se ti calmi, ti spiego. Ma tu poi devi farmi capire perché ti sconvolgi così tanto».

«Ti ascolto».

Braccia conserte in chiusura, a proteggersi, come per impedirle di convincerlo. O per sfidarla.

Fu proprio la stanchezza, che non era fisica, a suggerirle di raccontargli tutto di Marco-Marpio e di Rinaldo. Dei suoi giorni a Ravenna. Nessun cenno a Mino che era ben altra storia. Magari ci fosse stato Mino a Messina!

Antonello ad ascoltarla sempre a braccia conserte. Lei non capì, o forse non volle capirlo, o le convenne non capirlo, quanto quel ragazzino fosse infatuato di lei. Quanto quel suo innamoramento adolescenziale lo destabilizzasse, lo tormentasse e potesse diventare pericoloso.

«Quindi, da quello che racconti, tu lasci un fidanzato e te ne prendi un altro, come se niente fosse. Usa e getta. Allora potresti lasciare anche Mauro e...».

Di tutto il suo lungo e inutile discorso aveva colto solo quel particolare.

Valentina: «E?».

«Metterti con me...».

Di nuovo a ripetergli che lui era soltanto un bambino. Antonello sempre più alterato, paonazzo in viso.

E poi, inaspettata, oltre che insensata, la soluzione di Valentina. Un'iniziativa che fu anche ribellione e sfida alla situazione per lei diventata tragicomica. Prevalse in lei l'istinto di ridimensionarlo ma in modo sbagliato e provocatorio: «Hai mai baciato una ragazza? Sai come si bacia?».

E intanto ricordava il proprio disgusto al primo bacio, quello non corrisposto e preteso a forza da Marco Uno. Ebbe, quindi, quell'assurda idea che, se avesse baciato Antonello, un vero bacio, lui si sarebbe schifato nel vero senso della parola e avrebbe capito che davvero non era per lui, una ragazza, se non "più grande", una che... aveva avuto già due fidanzati e quindi dato e ricevuto più baci.

I sedici anni – lui precisava "quasi diciassette" – di Antonello erano davvero pochi, ma i diciassette di Valentina non si dimostrarono alla fine così maturi, vista la spregiudicatezza e l'assurdità del gesto che si proponeva.

Gli si avvicinò, lo abbracciò e lo baciò. Appunto un bacio vero, quello che si definisce alla francese. Lui perse quella sua rigidità difensiva, ma dischiuse le labbra, sia pure in ritardo. In effetti, non aveva mai baciato, né sapeva che un bacio potesse essere così intimo. Nessun piacere per Valentina, anzi dispiacere e immediato pentimento. Di sicuro era riuscita a sconvolgerlo. Lo aveva sentito tremare contro di sé e, dopo, ci fu quel risolino isterico dei momenti di imbarazzo o di emozione che il ragazzo, in quel caso, non riusciva a controllare.

Infatti, si rifugiò nell'altra stanza, fingendo di cercare qualcosa sulla scrivania del padre, senza riuscire però a nascondere quella specie di riso che era quasi un singulto. Gli tremavano le mani.

Quel bacio sfrontato sarebbe servito a farlo desistere? Valentina se l'era proposto. In effetti, il ragazzo rimase silenzioso tutto il giorno. Evitò perfino d'incontrare lo sguardo di suo padre che, nel frattempo, era arrivato allo studio, ed evitò ogni contatto con Valentina, quello che invece in genere cercava, lavorandole a fianco. Se adesso lo sguardo gli cadeva su di lei, si sentiva salire le fiamme al viso, fiammate che lo percorrevano tutto e lo sconvolgevano.

E Valentina, che lo sbirciava di sottecchi, domandò a se stessa: "Sono diventata una 'cattiva' ragazza?".

Alla fine, si giudicava pessima perché capiva di avergli fatto del male e di aver peggiorato i rapporti fra loro.

Soltanto due settimane prima, in uno dei loro dialoghi spesso controversi, lei, spavalda, gli aveva chiesto di procurarle un'arma. Soltanto perché il ragazzo, da sbruffone, s'era vantato d'essere un duro e di avere contatti con "certe persone". Una richiesta sconsiderata, convinta che si sarebbe tirato indietro E, invece, Antonello gliel'aveva procurata, un'arma ma... una scacciacani. Poteva sembrare una pistola vera, quanto basta per tenere lontano i malintenzionati. C'è tanta gentaccia in giro, le aveva spiegato, atteggiandosi a uomo vissuto. Aveva quindi accettato di tenerla con sé, più che altro per non deluderlo, dal momento che si era dato da fare a procurargliela. Errore. La condiscendenza di Antonello avrebbe dovuto metterla in guardia e farle capire quanto lui fosse infatuato, ma spesso si vede soltanto ciò che si vuol vedere. Specialmente avrebbe dovuto domandarsi perché mai lui fosse sempre presente, come fosse stato la sua ombra. Né l'alibi di voler proteggerla da eventuali disturbatori, quasi fosse una sorella, sarebbe dovuto passarle inosservato. Tutte le sere, l'accompagnava alla fermata e saliva in autobus con lei. Un comportamento da innamorato, piuttosto che la gentilezza di un amico fraterno. E, adesso, la complicazione di quel bacio.

Gli avvenimenti si susseguono e spesso accelerano all'improvviso. Precipitano. Quella stessa sera, dopo una pesante giornata di lavoro, prima delle ferie d'agosto ormai prossime, oltre alle emozioni della mattinata, arrivò un acquazzone di quelli improvvisi. Un vero diluvio. Un falso anticipo d'autunno mentre l'estate, in Sicilia, si protrae fino a tutto novembre. Del resto, nell'isola, un vero inverno sembra non esserci mai.

Dallo studio alla fermata dell'autobus, c'erano duecento metri, pochi ma, sotto la pioggia scrosciante, quasi troppi. Nessun ombrello in ufficio.

Il Sanni esordì: «Antonello mi fai il favore di aspettarmi in ufficio? Intanto accompagno a casa la signorina, altrimenti con questo tempo, prima d'essere a casa, s'inzuppa fino alle ossa. Il tempo di andare e tornare, massimo mezz'ora».

Antonello non batté ciglio. La stessa Valentina si sorprese. Perché non chiudere l'ufficio e far salire in auto, con loro, anche Antonello?

Sia pure poco convinta, seguì il principale fin sull'auto parcheggiata davanti all'ingresso dell'ufficio. Poco dopo capì che l'uomo, di proposito, era voluto restare solo con lei. Aveva notato qualcosa di cambiato nel figlio, negli ultimi tempi.

«Si è accorta, Valentina, che mio figlio s'è preso una bella sbandata per lei?».

Dopo i fatti della mattina – il bacio – quale risposta avrebbe potuto dargli? Preferì tacere.

«Le dico subito che, se mio figlio fosse più adulto, non avrei nessuna difficoltà ad accettare la cosa. Ma... è appena un ragazzino con le labbra ancora sporche del latte materno. Avrei quindi deciso di mandarlo a Torino da mio cognato, farà l'Università a Torino. Intanto, per le ferie, lo porto con me in Spagna. Lei cosa ne pensa?».

«Penso che sia un'ottima soluzione». Cos'altro avrebbe potuto rispondergli e quale risposta lui si sarebbe aspettata?

«Lei non ha interesse per mio figlio, vero? Lo capisco dalla questa sua risposta. Però... un po' lo ha illuso, lo ammetta. Così tanto tempo insieme... Allo studio... A casa sua... Al mare... Posso capire che lei non ci abbia messo malizia e il primo amore gli sia capitato fra capo e collo con la persona sbagliata ... La pregherei, però, d'ora in avanti, d'essere più distaccata, di non dargli tanta confidenza. Insomma s'inventi qualcosa, un fidanzato geloso, per esempio, che le chiede di non frequentare il ragazzo fuori orario di lavoro... Insomma, cominci col non farsi accompagnare a casa la sera e poi non lo faccia venire a casa sua nei giorni festivi. Non ne salta uno e si ribella se sua madre cerca di trattenerlo».

Valentina balbettava monosillabi: «... Sì, giusto, sì...».

E lui a seguitare: «Lei non si rende conto di essere una ragazza pericolosa. E, poi, sa come la pensiamo qui... delle continentali. Insomma... che siano più... spigliate delle ragazze siciliane». Precisò: «Un giudizio che non vale per me che ho sposato una torinese».

Subito dopo: «Confesso però... che, se non ci fosse stato di mezzo mio figlio, forse... insomma, mi sarei lasciato tentare anch'io, magari sostenuto da certi pregiudizi... Lasciamo perdere, ho detto una stupidaggine, del tutto fuori luogo. Non è successo niente di grave e si rimedia. A settembre, spedisco Antonello a Torino e, dopo pochi mesi, gli sarà passata».

"E, di continentali, sai quante ne troverà a Torino..." ironizzò fra sé Valentina.

Erano arrivati. Lei sentiva lo stomaco annodato e si sarebbe strappata le labbra a morsi per quel bacio rubato ad Antonello. Se il padre lo avesse saputo, se il ragazzo ne avesse parlato... Promise che avrebbe evitato gl'incontri, al di fuori lavoro, con Antonello. E nessuna confidenza.

Alberto Sanni scese ad aprirle lo sportello per farla scendere. Un vero gentleman. Fu cordiale nel saluto, dimostrando di non essere adirato con lei, né di avere alcunché da rimproverarle. La sua cordialità però sembrò forzata.

DOMANI È UN ALTRO GIORNO

Non sempre un altro giorno porta il sereno o appiana le difficoltà. Come il giorno prima, Antonello l'aveva preceduta e si trovava già allo studio. Aveva gli occhi gonfi e incattiviti, dopo una notte insonne e il pianto trattenuto. Un vero maschio siciliano non deve piangere, è la regola.

L'afferrò per le spalle e la spinse, strattonandola, nella stanza del padre che, come sua abitudine, sarebbe arrivato un paio d'ore dopo. Chiuse la porta dietro di sé.

Lei si divincolò: «Che cosa ti prende... non ti permetto...».

«Tu mi permetti, eccome. E adesso mi spieghi che intenzione hai con mio padre. Prima i vari fidanzati e poi magari l'amante sposato, quarantenne e facoltoso».

Le bloccò la mano che lei aveva alzato per uno schiaffo.

Era ancora un ragazzo. Alto e magro sembrava un arbusto sottile che si può piegare al vento, ma, invece, era forte più di quanto si potesse supporre, le sue mani una morsa a bloccarla.

«Non ti permetto... » ripeté Valentina. «Tuo padre mi ha accompagnata a casa soltanto per parlarmi di te».

Gli riferì, non proprio sicura di agire bene. Meglio, per il momento, sarebbe stato non rivelare il progetto di Torino. Lui allentò la presa.

«Vorrebbe spedirmi a Torino? Colpa tua, immagino. Se gli avessi detto che sei... la mia ragazza e mi vuoi vicino...».

«Io non sono la tua ragazza».

«Però mi hai baciato. Se non sei la mia ragazza che cosa sei... se baci senza essere innamorata? Anche Mauro lo baci senza essere innamorata? E quel poveraccio di Ravenna, lo baciavi senza essere innamorata? Sei una...».

Ma non ebbe il coraggio di profferire l'insulto.

Valentina, improvvisamente, si sentì così come lui non aveva osato chiamarla. Come può essere definita una ragazza che, senza provare amore, si fidanza e illude il malcapitato che si innamora di lei? Ci sono ragioni valide che possono giustificare un tale comportamento?

Fu onesta ad ammettere: «Hai ragione, non mi sono comportata bene. Con Marco e con Mauro. Con te. Non avrei dovuto baciarti, sapendo che non sono innamorata di te. Io però intendevo tutto il contrario. Di... allontanarti, di... disgustarti».

«Complimenti. Ottimo sistema. Per me quel bacio ha voluto dire qualcosa di diverso».

Di nuovo l'aveva presa per le spalle. Una tenaglia che la immobilizzava. Dietro, il muro.

«Puoi rimediare».

La sua collera tradita dalla voce roca, quasi afona. Controllata nella lentezza delle parole: «Devi promettermi, anzi giurarmi, di scrivere la verità a Mauro. Gli devi raccontare tutto e confessargli che non lo ami. Se non lo farai, lo farò io. Ma non basta, devi giurarmi che dopo diventerai la mia ragazza. Non tirarmi fuori la storia dell'età. Un anno di differenza fa soltanto ridere. Mia madre ne ha tre più di mio padre e si sono messi insieme che lui aveva diciannove anni. Se mi hai baciato, vuol dire che non ti faccio schifo. Ti assicuro che nemmeno a me il tuo bacio ha fatto schifo. E, se non ti faccio schifo, come credo, sono sicuro che riuscirò a farti innamorare di me».

Valentina cercò altre parole per dissuaderlo. La sua insistenza nel rifiuto lo alterò più che mai. Con una mano la strinse al collo, mentre con tutto il corpo la bloccava al muro, così da immobilizzarla. Con l'altra mano trasse di tasca un temperino che fece scattare. Glielo avvicinò al viso.

«Se non mi giuri che sarai la mia ragazza, che lo dici anche a mio padre appena arriva, io ti sfregio, così non piaci più a nessuno. Oppure ti strozzo, così ti levo dal mondo e non farai più del male».

Era soltanto un ragazzo di sedici anni, convinto che un uomo, per essere tale, debba imporsi anche con la violenza e non debba perdonare l'umiliazione di un rifiuto.

E Valentina, diciassettenne, non era poi quella donna che riteneva di essere. Non così forte da superare la paura di quel temperino che già le graffiava il viso e della pressione al collo che le toglieva il respiro. Soprattutto si rendeva conto che Antonello aveva perduto la lucidità mentale. Era completamente fuori controllo.

«Lasciami... ti prego... non fare sciocchezze».

Non erano le parole che lui stava aspettando, non quelle giuste per farlo desistere

«E tu giura che sarai la mia ragazza e che non mi tradirai mai».

Giurare. In un frangente simile che cos'è giurare il falso? Le lacrime, automaticamente, le scivolavano sul viso. E sì, avrebbe anche giurato di tutto, pur di uscire da quella situazione. Antonello era talmente fuori di sé da aver perso completamente il senno e sarebbe bastato un attimo di più per affondare la lama del temperino, o per aumentare la pressione sul collo. Soltanto un attimo in più. Valentina giurò, un impegno che non avrebbe mai mantenuto.

Si spalancò la porta dello studio ed entrò il dottor Sanni, sorpreso di averla trovata chiusa, diversamente da come stava di solito. Non lo avevano sentito arrivare. Antonello lasciò la presa e fece un passo indietro. Era paonazzo, quasi livido, gli occhi sbarrati e arrossati. Valentina tremava convulsamente, pallidissima. E lacrime. Non fece niente per nasconderle. Il dottor Sanni rappresentò la sua salvezza. Si staccò dal muro, stordita al punto da barcollare. Si sarebbe persino gettata fra le braccia del... suo salvatore, se non fosse stato il padre di Antonello.

«Per piacere, dottore, mi accompagni a casa».

Lui al figlio: «Devi essere impazzito. Dammi quel temperino e vai in bagno a sciacquarti il viso. Anzi, metti proprio la testa sotto il getto dell'acqua. Accompagno la signorina a casa e torno subito, così avrai modo di riflettere e di spiegarmi».

Forse non era giusto, nemmeno prudente lasciare solo il ragazzo, ma Valentina non si pose il problema, voleva allontanarsi da lì al più presto. L'uomo, prima che il figlio, pensò che fosse più urgente interrogare la ragazza. Inoltre si rendeva conto che lei stava davvero male. Lacrime e tremito convulso.

Il percorso in auto, fu dapprima silenzioso, ciascuno con i propri agitati pensieri.

«Se la sente di spiegarmi? A mio figlio penserò dopo, ho voluto dargli il tempo di calmarsi. Aspetto di conoscere prima la sua versione dei fatti. E non dubiti che provvederò a risolvere la questione, qualunque essa sia».

Valentina proprio non se la sentiva di spiegare. E poi in che modo? Accusare Antonello o accusare se stessa?

Guidando, l'uomo ogni tanto si girava a guardarla e si rendeva conto del suo stato di confusione. Sul collo della ragazza, un arrossamento che s'illividiva rivelava la pressione di una mano. Staccò la sua dal volante e le sfiorò la fronte. La sentì bruciare. Febbre. Stato di shock. Notò anche un piccolo graffio sulla guancia sinistra. Sarebbe bastato un attimo di ritardo per ritrovarsi al peggio ed era stato casuale arrivare in ufficio in anticipo. Davvero provvidenziale. Le mani di Antonello ancora calde su di lei.

Il Sanni era perfettamente cosciente di quanto fosse inutile insistere a farle domande. La ragazza non era del tutto lucida, quindi parlò lui, sperando di catturare una sua minima attenzione. Dentro gli cresceva la preoccupazione per il figlio.

«Mi dispiace. Non immaginavo che i fatti potessero precipitare in questo modo. Lei capisce, Valentina – era la prima volta che la chiamava per nome – che non potrà più tornare a lavorare allo studio? Io sarò severo con mio figlio, ma, lei comprende, voglio anche proteggerlo. Non voglio dargli un'altra occasione di... pazzia. Nemmeno di sofferenza. Non ho niente da recriminare sul suo lavoro: sempre puntuale, attenta e sollecita. Le farò, quindi, avere una lettera di presentazione con ottime referenze... Per il resto, non so. Non conosco ancora la versione di Antonello. Però so che è pericoloso alimentare le speranze di un sedicenne. Che mio figlio fosse preso da lei, se ne sarebbe accorto un cieco e io, proprio ieri, l'avevo messa in guardia».

Valentina sempre silenziosa, per non dire ammutolita. L'uomo, a sua volta, tacque. Rifletteva. Aveva con sé del denaro contante, prelevato in banca per certi pagamenti, adesso pensava di destinarlo ad altro. Una sorta di gratifica di fine rapporto e... anche una specie di risarcimento. In realtà, si proponeva d'acquietarla, così che non si lasciasse andare ad azioni sconsiderate, dettate dall'impulsività del momento.

Ad auto ferma, trasse una busta dalla tasca interna della giacca. Gliela porse, evitando di aprirla e di conteggiare le banconote contenute. Lei la prese, senza ben capire. La rigirò fra le mani automaticamente. Alberto Sanni cercò le parole giuste, con il dovuto tatto. Per il calcolo della liquidazione e per la ricevuta da firmare, sarebbe passata dallo studio verso ottobre, dopo la partenza del figlio, le consigliò. Prima, però, una telefonata, per sicurezza. Valentina conosceva la formula posta in calce alla dichiarazione di fine rapporto: "... la sottoscritta dichiara di essere pienamente soddisfatta e di non avere nient'altro a pretendere...". Diverse volte, aveva dovuto dattiloscriverla per dipendenti di qualche ditta cliente dello studio.

Aprì automaticamente la busta e notò che conteneva banconote fresche di stampa. Centomila lire ciascuna. Non era in condizioni di realizzarne l'importo complessivo. Così nuove, aderenti una all'altra, avevano poca consistenza. Ugualmente le sembrarono una cifra esagerata.

«Desidero - seguitò a spiegare il Sanni - garantirle un anno, e oltre, di stipendio. Mi sentirei in colpa, altrimenti, nel toglierle il lavoro, così, su due piedi. Avrei preferito staccarle un assegno, ma poi ho pensato che, essendo minorenne, non potrebbe aprire un suo conto corrente bancario e mi sembra che, anche da un libretto di risparmio al portatore, non potrebbe prelevare senza la presenza di un adulto accanto. Insomma deciderà lei come muoversi. Però... preferirei che non raccontasse di questa mattina, nemmeno ai suoi familiari».

Il Sanni le suggerì, inoltre, l'ipotesi di iscriversi alla terza liceo e frequentarla regolarmente. Se lo avesse ritenuto opportuno, tenendolo nascosto alla famiglia. Avrebbe potuto far credere di lavorare ancora presso lo studio. Lui l'avrebbe assecondata, quindi coperta. Entro certi limiti, s'intende. Contando anche sul fatto che nessuno dei suoi familiari, nei passati cinque mesi allo studio, l'aveva mai cercata. A patto che lei s'iscrivesse e frequentasse regolarmente il Liceo. Naturalmente una telefonata di preavviso e di conferma alla fine del periodo di ferie. Così da preparare una risposta plausibile.

Soltanto più tardi, rientrata casa, si sarebbe resa conto dell'importo eccessivo, molto superiore a quanto si sarebbe potuto soltanto immaginare, molto più di un intero anno di stipendio anticipato. Due milioni di lire. Considerando le sue sessantamila lire mensili e pochi mesi di lavoro effettivo, erano una cifra esorbitante. Come avrebbe mai potuto giustificare, con i suoi, gli studi ripresi e quel denaro a coprire le spese, senza essere costretta a raccontare il tutto?

Molto previdente, il dottor Sanni le suggerì di utilizzare, mese dopo mese, una banconota alla volta. Per sostenere l'eventuale commedia, per avere quanto le sarebbe bastato a sostentarsi e per contribuire in famiglia, così come aveva sempre fatto. Insomma, non farsi mancare il necessario e tenere per sé qualcosa di più. Voce ferma e razionale che non aspettava repliche.

«E, poi, non è detto che, in seguito, superati gli esami di maturità – non dubito che possa riuscirci – passata la sbornia a mio figlio, non è detto che lei non possa ritornare a lavorare al mio studio».

Quante parole, troppe, a coprirne altre per comprare il suo silenzio. Nessuno doveva sapere. Nessun giuramento, questa volta, ma un impegno preciso. Adesso Valentina capiva perché l'avesse accompagnata a casa prima di assistere il figlio. Per evitare che, rientrando, raccontasse tutto ai familiari. Non poteva supporre che, anche senza quel denaro, lei avrebbe taciuto. A torto o ragione, la ragazza si sentiva in gran parte responsabile della "bravata" di Antonello. Anzi, se ne vergognava, riconoscendo che avrebbe potuto prevedere e, quindi, prevenire. Adesso era fin troppo stordita per saper ribattere. Non le uscivano le parole, dopo le tante di lui. Le tremavano le mani, aveva la vista annebbiata e non riusciva ad abbassare la maniglia per scendere di macchina. Ci vollero un paio di tentativi, tanto si sentiva frastornata.

Nei giorni seguenti, si sarebbe convinta che quell'indennizzo le era anche dovuto e che, finalmente, avrebbe potuto pensare a se stessa, senza farsi condizionare da ragioni e sacrifici economici. Era stato uno scambio: dare e avere. Sarebbe sorto, poco dopo, il problema di nascondere quel denaro ai suoi. Avrebbe distribuito quei fogli fra le pagine della grammatica di greco, un libro piuttosto voluminoso. Mai, a qualcuno di casa, sarebbe venuta la tentazione di sfogliarlo, anche curiosando nella valigia posta sotto il suo letto. Turbinio di pensieri.

L'auto era ferma nei pressi delle scale di casa. Valentina scese. Questa volta Alberto Sanni non s'era mosso ad aprirle lo sportello. Né lei lo ringraziò, salutandolo. Non tanto per mancanza di rispetto e gratitudine, quanto per lo stato di agitazione in cui si trovava.

UN'OCCASIONE PERDUTA

Caldo afoso e ricerca di frescura nelle torride serate estive. Tenere la porta finestra aperta di notte, equivaleva a dormire per strada. Chiunque sarebbe potuto entrare salendo le scale che raggiungevano la terrazza. Sara smaniava e cercava mille pretesti per uscire la sera. Così come accadde in una sera d'agosto.

Il night si trovava fuori Messina. Era considerato un ritrovo d'elite, in realtà era destinato a persone facoltose in senso economico, indipendentemente dall'origine del loro benessere.

Sara ne aveva sentito parlare e convinse Valentina a seguirla. Almeno una volta, aveva spiegato, voleva mischiarsi alla Messina bene.

Valentina l'aveva assecondata malvolentieri, lei già conosceva quel genere di persone, molti erano clienti dello studio commercialista, ma soprattutto sapeva di non poter opporsi, avendo già lei troppo da farsi perdonare.

Fu abbastanza deprimente raggiungere il posto in autobus, considerando che tutti i frequentatori del night possedevano un'auto. L'autista dell'autobus e i pochi passeggeri rimasti, osservavano le due donne con un misto di curiosità e ironia. Belle ed eleganti come se andassero, appunto, a una festa.

L'abito di Valentina era stato una specie di follia. Lo aveva visto esposto all'inizio dell'estate a un costo elevato. Ora, che già era cominciata la stagione dei saldi, aveva potuto acquistarlo con il quaranta per cento di sconto. Avere un certo margine di denaro a disposizione può portare a tentazioni, nonostante la natura parsimoniosa della ragazza. O forse proprio per quella.

Era un abito semplice, di cotone leggero, con la gonna a balze che si alternavano, arricciate e lisce, in una sorta di punto a nido d'ape. Bustino aderente che metteva in risalto una vita sottilissima, non certo per merito del famoso elastico o cilicio col quale la ragazza si era tormentata nelle notti di Ravenna, per mesi. Era un abito firmato e la firma si paga, indipendentemente dalla sostanza dell'acquisto.

Sara invece indossava una tunichetta di lino, con un coprispalle a nascondere parzialmente la scollatura. Abito comprato ai grandi magazzini, ma su di lei acquistava valore.

Arrivate al night, subito, il primo imbarazzo. All'ingresso fu chiesto loro se avessero un accompagnatore.

«Sì, dovrebbe raggiungerci il mio fidanzato, sperando che non abbia contrattempi dell'ultima ora». Sara aveva sempre avuto una faccia di bronzo e sapeva mentire con naturalezza.

Non avendo prenotazione, furono relegate a un tavolino nascosto, lontano dalla pista da ballo. Dovettero apprezzare la delicatezza del direttore di sala che le aveva accompagnate con un certo riguardo, senza creare loro imbarazzo. Valentina provò ugualmente disagio, quasi da sentirsi sprofondare sotto terra.

Il locale si apriva in un'ampia veranda affacciata sul mare. Aveva luci soffuse, un'orchestrina, coppie ai vari tavoli e consumazione obbligatoria. Fu esorbitante il costo di due semplici succhi di frutta. Alleggerì la paga di Sara di due settimane. Chiese a Valentina di contribuire e quella annuì. Vedendo lo smarrimento della madre, fu presa da un senso di pietosa condiscendenza, così come le era accaduto in passato, da bambina. Una donna sposata ma, alla resa di conti, senza un marito su cui fare affidamento, affamata d'amore e di riscatto e di ambizioni mai realizzate e irrealizzabili. Aveva molte attenuanti.

Ammesso che un uomo facoltoso potesse interessarsi a lei, sposata e madre di due figli, molto bella ma anche incolta, al massimo, Sara avrebbe potuto aspirare a una relazione passeggera, così come del resto le era già accaduto in passato.

Valentina compativa perfino la pretesa di Sara, di farla passare per sorella. Un modo di apparire più libera o disponibile. Sarebbe stato più facile che un uomo s'innamorasse di lei, accettandola con un solo figlio dodicenne, piuttosto che saperla anche madre di una prima figlia adulta. Del resto, le era già capitato al tempo di Valentina bambina, di trovare Paolo che si era innamorato di lei, accettandone la figlia illegittima. Sostanziale differenza: Sara, adesso, era sposata, Max era un figlio legittimo e un padre lo aveva di già.

Dopo due ore di noia, di nessun invito al ballo, Sara decise di andarsene e Valentina respirò di sollievo. Era da poco passata la mezzanotte.

Lasciare l'edificio illuminato e trovarsi nel buio della strada fu abbastanza preoccupante e lo divenne del tutto quando, alla fermata dell'autobus, scoprirono che l'ultima corsa verso la città risaliva ad un'ora prima.

«E adesso come facciamo... Da qui a Messina ci saranno dieci chilometri». Dove era finita tutta la spavalderia di Sara?

Valentina non rispose ma, all'improvviso avvicinarsi della luce dei fari di un'auto, che poi si rivelò essere una Mercedes, si buttò quasi in mezzo alla strada e fece segno di fermarsi. Fu fortunata perché, sopra l'auto, c'era un uomo solo, oltretutto con i riflessi pronti, tali da frenare senza investirla. Aprì il finestrino parzialmente: «Che cosa succede?». Molto contrariato, anzi irritato.

«Abbiamo perso l'autobus... e non sappiamo come tornare a Messina. E... mi spaventa restare qua, su questa strada deserta, di notte. Insomma, se lei fosse diretto a Messina... se volesse essere così gentile...»

E altre parole, con tono persuasivo, sperando di risultare convincente. Nel frattempo, l'uomo l'aveva squadrata da capo a piedi. Soprattutto il vestito. Aveva ora un'espressione più benevola, si sarebbe detta perfino compiaciuta.

Infatti, acconsentì, facendo prima salire Valentina accanto a sé e indicando il posto dietro a Sara. Aveva capelli e baffi di un grigio metallizzato, un'età fra i cinquanta e i sessant'anni.

Molto elegante, così come lo era la sua auto fuori e dentro.

Il tragitto fu breve, fino al viale di casa. Il tempo di scambiare un minimo dialogo.

«Come si chiama questa bella signorina?».

«Valentina Manoli»

«La signora dietro?»

«È... mia...»

«Sono la sorella maggiore». Sara la prevenne. Non demordeva nemmeno in occasioni eccezionali come quella.

«Io sono Luigi De Monici».

Ecco! Adesso Valentina si spiegava l'atteggiamento cambiato dopo la vista del suo abito, acquistato proprio in una della sue boutique. Lo aveva riconosciuto.

«È... stata davvero una fortuna incontrare lei. Fare l'autostop è sempre un'imprudenza e poi, di notte, può essere pericoloso».

«E per me è un piacere incontrare una ragazza così carina e ben educata. Sul momento... avevo pensato... insomma avevo pensato male. Ma poi ho capito. E di cosa si occupa, signorina Valentina?».

Quanto avrebbe voluto dirgli di aver lavorato fino a pochi giorni prima ma che adesso, per motivi personali, si trovava disoccupata... Però c'era Sara, seduta dietro, alle sue spalle, Sara che ignorava la realtà dei fatti.

«Sono segretaria presso una studio professionale».

«Bene. Mi compiaccio. Ma... nel caso non dovesse sentirsi soddisfatta del lavoro attuale, ricordi che potrei assumerla in azienda. In ufficio, se preferisce ma, con la sua figura, potrebbe anche permettersi di fare l'indossatrice».

Sempre, da dietro, Sara a rispondere per lei: «Valentina ha un ottimo impiego e si trova benissimo dove sta».

Forse Sara non sapeva chi fosse De Monici? Non immaginava quanto potesse essere importante avere una possibilità di contatto con lui?

Nel frattempo, erano arrivate sotto casa. Ad auto ferma, De Monici porse a Valentina il suo biglietto da visita. Nel caso ne avesse avuto bisogno, spiegò. Sopra, c'era specificato il suo numero di telefono personale.

Valentina ringraziò per l'ennesima volta e promise a stessa che non si sarebbe lasciata sfuggire quell'opportunità.

Fu Sara, poco dopo, a gelarla.

«Non vorrai conservare quel biglietto da visita? Un vecchio porco che vuole approfittarsi di una ragazzina. Sai quante gliene passano fra le mani. Dicono che tutte le sue commesse le testi prima lui».

Quelle le illazioni di Sara su De Monici. Non si sa da quale fonte avesse avuto quelle informazioni, né quanto fossero attendibili. Maldicenze. Sara avrebbe dovuto sapere quanto possa essere perniciosa una calunnia.

Chiese alla figlia il biglietto da visita di De Monici, sembrò soltanto per leggerlo. Invece lo strappò e le gettò per aria. I pezzetti svolazzarono, assumendo, alla luce del lampione, la sembianza di falene.

SETTEMBRE

Fu il periodo peggiore. Scoprì che mentire e fingere di continuo è molto faticoso e richiede attenzione e memoria. Gli ultimi giorni d'agosto erano trascorsi senza eccessiva difficoltà. Era stato logico restare a casa durante il periodo di ferie, senza far nascere sospetti. Qualche giornata al mare, presso il piccolo stabilimento sotto casa. Mortelle le sarebbe piaciuto di più ma non era proprio il caso di tornare là dove era stata con Antonello, a rischio d'incontrare conoscenti. La brutta esperienza, prima del periodo di ferragosto, le aveva lasciato dentro uno stato di ansietà che si accentuava ogni volta che avvertiva dei passi dietro di sé. Le sembrava spesso di essere pedinata e, forse, a volte lo era, da un potenziale ammiratore che avrebbe voluto conoscerla e non sapeva come avvicinarla. Aveva giurato a se stessa che mai più avrebbe dato adito a qualcuno di illudersi, così come aveva già fatto, più o meno volontariamente, con Antonello ma, prima di lui, anche con Marpio e Mauro e forse sarebbe stato il caso di aggiungere Francesco, il ragazzo conosciuto a Bologna. E perché no, anche Marco Uno che aveva cercato di ricontattarla a casa di Ornella, o perfino Marco Rivolta, lo studente morto nell'incidente in Vespa. Chissà... se fosse andata all'appuntamento, se si fosse fidata... Forse lo avrebbe distolto da quell'ultimo viaggio sulla Vespa dell'amico. E poi Mino. Colpevole di essersi negata. Colpevole verso di lui e verso se stessa. A Mino, proprio non voleva pensare, perché le veniva un groppo in gola e voglia di piangere. Marpio le aveva detto di averlo incontrato con una ragazza bionda che non era la sorella. Valentina, la ragazza cattiva, la mangiauomini, aveva respinto l'unico di cui si fosse veramente innamorata. E adesso s'era convinta di essere la causa dell'infelicità di altri e della propria.

Mauro, in agosto, era tornato a Messina soltanto per due volte nel weekend. E, per fortuna, non in coincidenza con l'improvvisata di Marpio. Max sempre insieme a loro, nonostante Mauro cominciasse a dare segni d'insofferenza. Nella sua ultima lettera, infatti, ai primi di settembre, le aveva scritto che non sarebbe più tornato. Troppo tormentoso starle vicino e non poterla sfiorare. Né una carezza, né un bacio. Una tortura per un uomo innamorato. Tutte quelle faticose ore di viaggio, senza mai un gesto confidenziale o intimo con la ragazza che amava, né un dialogo senza testimoni. Le lasciava il tempo di riflettere e di decidere se richiamarlo, riconoscendolo come un "vero" fidanzato, piuttosto che un fidanzato di comodo. All'inizio, scrisse, s'era prestato alla commedia, senza capirla ma gli era sembrato promettente assecondarla. La speranza sempre dentro, quella che adesso stava spegnendosi. Quasi un sollievo per Valentina, che non avrebbe mai trovato il coraggio di lasciarlo, ma non tale da limitarle i sensi di colpa per averlo in qualche modo "usato". Stranamente, in seguito, avrebbe sentito egoisticamente la sua mancanza. Da lui s'era sentita protetta ed era stato gratificante sentirsi amata in quel modo paziente e silenzioso.

Aveva informato soltanto Max, in termini concisi: «Sai, con Mauro, ci siamo lasciati».

Evidente la delusione del ragazzo che era entrato in sintonia con chi riteneva un probabile cognato. Ma, dopo i fatti precedenti con Marpio, non si meravigliava dei cambiamenti d'interesse e d'umore della sorella e nemmeno avvertiva, come compito suo, indagare. O, tantomeno, lo percepiva come un dovere. A Messina si era ben ambientato, aveva stretto amicizia con alcuni compagni di scuola e spesso il pomeriggio era a casa di qualcuno di loro. Aveva modo di distrarsi da pensieri molesti.

Il primo di settembre, fine delle false ferie e altrettanto falso ritorno al lavoro. Superato l'esame di passaggio dalla seconda in terza, per prima cosa, si era attivata per l'iscrizione all'ultimo anno del Liceo Classico. Liceo Francesco Maurolitico, frequentato da ragazzi bene delle città, con famiglia alto e medio borghese alle spalle. Falsificò la firma di suo padre, così come avrebbe fatto tutte le volte che fosse stato necessario, e pagò la tassa d'iscrizione all'ufficio postale. Ma, adesso, nonostante fosse riuscita a essere credibile, presso la segreteria della scuola, non ne andava orgogliosa. Sentendo risuonare i propri passi fra le fredde mura di quell'edificio scolastico, si chiedeva se valesse la pena seguitare quella commedia. Negli ultimi tempi, aveva perso l'appetito ed era dimagrita, senza che qualcuno in famiglia ci avesse fatto caso. A volte, perfino vomitava, chiusa nel bagno di casa, o della scuola, o perfino di un qualsiasi bar. Le mancava l'incoraggiamento di Alberto Sanni. Lui le aveva promesso il suo appoggio nella commedia ma, adesso, non sarebbe stato presente, qualora lei ne avesse avuto bisogno. Soltanto qualche mese prima, l'aveva stimolata e aiutata a presentarsi come esterna all'esame di passaggio dalla seconda alla terza. La sua presentazione autorevole e le sue conoscenze erano state determinanti. Senso di colpa anche nei suoi confronti e rammarico di aver perso la sua stima, quella su cui avrebbe potuto contare ancora, se non fosse stata così sprovveduta, senza quel triste episodio con Antonello. Un padre sta sempre dalla parte del figlio. E poi... quale era stata la versione di Antonello, come si era giustificato con suo padre?

Concludere il Liceo, superando gli esami di maturità, era stata la sua maggiore aspirazione, un traguardo da raggiungere, come mai adesso si sentiva così scontenta?

Stringere i denti e andare avanti. Le frasi banali, a volte, hanno un senso. Adesso le nasceva il problema di come impiegare le ore vuote fuori casa. Quattro la mattina e quattro il pomeriggio. Strano a dirsi, perfino Antonello le mancava, nonostante fosse atterrita all'idea d'incontrarlo di nuovo. La sua mano premuta sul collo e il temperino a graffiarle il viso le avevano lasciato un'impronta indelebile nel cuore.

Unico sollievo, all'inizio del prossimo anno scolastico, la frequenza a scuola per tutta la mattina e un paio di volte nel pomeriggio. Questo la incoraggiava ma, nell'attesa di ottobre, settembre fu durissimo.

La stagione era ancora favorevole per il mare e, infatti, alcune volte, prese un ombrellone ai Bagni Vittoria nei pressi del Faro. Era lo stabilimento balneare prossimo alla città, frequentato da persone di un certo tono. La presenza di una ragazza sola, senza un fratello o una madre che l'accompagnassero, era suscettibile di critiche. Doveva anche stare attenta a non esporsi troppo al sole, per non accentuare la già intensa abbronzatura. In ufficio, lavorando chiusa fra quattro pareti, non ci si abbronza.

Aveva comprato alcuni libri scolastici dell'elenco esposto nell'atrio della scuola: storia, letteratura, greco e latino. Un modo di avvantaggiarsi nelle materie che le erano più congeniali. Coglieva ogni occasione per studiare o per darsi un contegno. Sotto un ombrellone al mare, al tavolino di un bar, su di una panchina in una piazza. Immancabili, nella sua borsa, libri, quaderni e penna. Il più delle volte, tornava a casa nell'intervallo fra le tredici e le sedici, fino al momento in cui sarebbe dovuta rientrare in ufficio. Di conseguenza, le restava ancora da riempire lo spazio del pomeriggio fino alle otto. Il momento più difficile era proprio quando cominciava a farsi scuro. Peggio ancora sarebbe stato con l'accorciarsi delle giornate. Preferiva non allontanarsi troppo dalla città, nel timore di essere importunata o di trovarsi in difficoltà, distante da casa. Spesso, le due ore dalle sedici alle diciotto, le passava seduta sopra una panca nella Chiesa di Santa Caterina, fino alla funzione del tardo pomeriggio, nonostante fosse insolito per lei frequentare una chiesa. Era stata la nonna, molto cattolica, a voler battezzarla ma, in seguito, Sara e Paolo, avevano disertato certe pratiche. Niente prima Comunione, niente Cresima. Adesso, durante la celebrazione della

Messa, sapeva di non poter comunicarsi e, nel caso le fosse venuta l'intenzione di inginocchiarsi al confessionale, riteneva di non poter permetterselo.

L'atmosfera mistica non la coinvolgeva. La sua presenza in quel luogo di culto era soprattutto un modo di levarsi dalla strada e approfittare di quell'ambiente silenzioso per studiare. Soltanto durante la Messa delle diciotto, sospendeva la lettura per guardarsi intorno. Osservava certe pie donne anziane, presenti a tutte le funzioni, che, ogni giorno, s'inginocchiavano a confessarsi. Di quali colpe potevano essersi macchiate nell'arco di ventiquattro ore? Quali gravi peccati sulla coscienza? Dopo, contrite e scrupolose, eseguivano la penitenza di preghiera. Valentina non capiva perché pregare equivalesse a una penitenza. Nello stesso tempo, dissacrante, il pensiero che la confessione equivalesse a una specie di risciacquo delle anime. Però, un po' le invidiava, quelle donne, per l'immedesimazione con cui si avvicinavano all'altare per ricevere l'Ostia consacrata. Al ritorno, il loro viso era disteso e sorridente, mentre le labbra ancora si muovevano, in un movimento ruminante, prima d'inghiottire la Particola.

Valentina si rese conto di non poter frequentare lo stesso luogo più volte di seguito, passando inosservata. Perfino il parroco, alla lettura del Vangelo e durante la breve omelia, la fissava e sembrava si rivolgesse soltanto a lei, pecorella smarrita. Così alternò la Chiesa di Santa Caterina d'Alessandria, con la Cattedrale. Ma, soprattutto, impiegò il tempo in lunghi percorsi a piedi senza una meta. Corso Cavour... Via Cannizzaro... Viale San Martino... Piazza Cairoli e, così via, quasi tutte le strade centrali ma anche periferiche della città. Una bottiglia d'acqua nella capace borsa, insieme ai libri, era quanto le bastava.

Altre volte, seguì itinerari turistici. Salì al tempio votivo del Cristo Re che s'affaccia su di uno spiazzo, dal quale si può ammirare lo spettacolare panorama della città, perfino, all'imboccatura del porto, la colonna alta sessanta metri su cui poggia la statua della Madonna della Lettera, protettrice di Messina. Sul fronte del torrione, dalla terrazza panoramica, è visibile la scritta – che si presume essere stata tratta dal testo della lettera di Maria: "VOS ET IPSAM CIVITATEM BENEDICIMUS".

Un pomeriggio, attratta da una sorta di misterioso incitamento, si aggregò a un gruppo turistico che, in pullman, saliva fino al Santuario di Montalto, consacrato, appunto, alla Madonna della Lettera, patrona della città. Nel raccoglimento di quelle mura, avvertì una sorta di partecipazione mistica, insolita per lei, nonostante la presenza di tante altre persone. Ma non riuscì ad inginocchiarsi davanti alla statua, non tanto per Colei che rappresentava, e che in cuor suo rispettava, quanto perché era... una statua. Tuttavia, riconobbe, quel giorno, la stessa percezione di accoglienza benevola quando, pochi mesi prima, la nave si stava avvicinando al porto, il giorno del suo arrivo a Messina. Là dove la colonna votiva sorreggeva la statua della Madonna che, materna, si protendeva, come galleggiando sull'acqua, si era sentita meno disperata. Erano il desiderio e il bisogno di pace che la portavano adesso a frequentare luoghi sacri, dove sostare senza il timore d'incontri spiacevoli, senza essere costretta a bighellonare, senza dover parlare o fingere. Anzi, avvertendo l'inconsapevole bisogno di credere. Non si rendeva conto, o non voleva ammetterlo, di riconoscere in sé l'intima esigenza di una Madre. Mai aveva sentito accanto una vera presenza materna, nei diciassette anni della sua vita. Sara come una sorella maggiore, spesso in competizione con lei, dialogo assente. A voler considerarla madre, ci sarebbe stato da giudicarla severamente, quello che Valentina proprio evitava, anzi spesso, era lei, protettiva e materna con Sara.

Visto che i luoghi sacri la portavano a riflessioni che la facevano soffrire, alla fine, preferì disertarli. Li sostituì con la sala d'aspetto della stazione ferroviaria, meno impegnativa, probabilmente squallida ma, d'altra parte, dove poteva sedersi. Come un passeggero in attesa di un treno che non sarebbe mai partito né arrivato. Anche in quel caso, sguardo incollato a un libro di scuola, o d'altro genere, pensando così di passare più facilmente inosservata e per non disperdere troppo il tempo. Poi capì che, prima o poi, un treno avrebbe dovuto pur prenderlo, visti gli sguardi interrogativi, se non maliziosi, del personale ferroviario, primo fra tutti, il capostazione. E, così, acquistò un orario ferroviario da consultare personalmente, memore dell'episodio di Bologna quando era salita sul treno sbagliato. Scelse destinazioni sia nella direzione di Palermo, sia in quella di Catania, o verso le città più interne, come per esempio Enna o Caltanissetta. Ma piuttosto preferì i luoghi che s'affacciavano sul mare. Gioiosa marina, Sant'Agata di Militello, Caronia... O, nell'altra direzione, Roccalumera, Giardini, Giarre, fino ad Acireale. Difficilmente però si addentrava all'interno dei paesi, anzi si fermava quasi sempre nella sala d'aspetto di ogni stazione. Soltanto una volta si azzardò lungo le viuzze strette di Taormina, variopinte per la merce esposta all'esterno dei vari piccoli negozi. Le piacque confondersi fra i numerosi turisti e villeggianti, prevalentemente stranieri, facendosene scudo. Ciò che desiderava soprattutto era passare inosservata. Anzi, a volte, rifletteva che le sarebbe piaciuto scomparire.

Seconda metà di settembre. Giorni spesi in inutili viaggi, preferendo i treni locali perché più lenti. Binari che si perdevano oltre lo sguardo, il fischietto del capo stazione alla partenza, il tam-tam del treno a scandire i pensieri. Suoni monotoni, sempre gli stessi.
Sopra un treno diretto verso Palermo, incontrò, ancora una volta, Dafne. Quasi l'avesse chiamata telepaticamente. Quante volte, in quelle ore dispersive, aveva desiderato incontrarla di nuovo! Finalmente un'amica su cui poteva contare. Discreta, nello stesso tempo riservata e schiva. Come al solito, niente abbracci o baci. Sospettava che, se avesse improvvisato un minimo tentativo di contatto, si sarebbe ritratta. Eppure Valentina sapeva di poter contare su di lei, nel caso avesse avuto realmente bisogno di un sostegno. Di sé,

Dafne spiegò di essere diretta a Palermo, dove amici stavano aspettandola. Specificò perfino un indirizzo: via Maqueda. L'unico conosciuto dalla ragazza, per averlo sentito rammentare in casa, riferito ad alcuni conoscenti di Paolo.

Dopo un'ora di viaggio, forse meno, la voce all'altoparlante annunciò l'arrivo alla stazione centrale di Palermo. Passeggeri che scendevano, altri che salivano, valigie, abbracci all'arrivo o alla partenza.

«Posso venire con te?».

«*Preferisco di no. Aspettami qui, al bar della stazione. Anzi prendi qualcosa, mi sa che tu sia digiuna da stamattina. Si vede che salti i pasti, sei diventata così magra...*».

Valentina annuì, anche se scontenta. Si propose di chiederle un appuntamento, al ritorno, per non dover affidarsi alla casualità. E, invece, al ritorno di Dafne, non avrebbe nemmeno tentato di suggerirlo. Il gran parlare durante il viaggio d'andata in treno non le era bastato. Avevano ricordato Ravenna. Loretta che se n'era andata troppo prematuramente. Federico che si era arreso troppo in fretta, senza un'apparente ragione. Per via degli altri passeggeri presenti nello scompartimento, Valentina s'era contenuta, sia nelle domande sia nelle risposte. Nessun cenno quindi ad Antonello, alla perdita del lavoro, all'iscrizione al Liceo e soprattutto alle tante ore così disagiate e pesanti del suo inutile girovagare. E le tante, troppe, bugie. Di questo avrebbe voluto parlare con Dafne.

OTTOBRE IN TERZA LICEO

Finalmente ottobre. Primi giorni di scuola, meno lungo il tempo del suo girovagare. All'uscita, solito veloce spuntino e solite soste in luoghi che alternava.

Alcune volte, in orario di chiusura, passava davanti alla serranda dello studio Sanni. Malinconia. Un cattivo ricordo può cancellare i migliori? Attraversava poi la grande piazza fiorita che separa il Tribunale dall'Università, entrava nel Bar Select, sedeva a un tavolino, in disparte, per una consumazione veloce. Lo stesso bar Select dove era solita sostare con Antonello, quando, soltanto pochi mesi prima, si erano trattenuti in ufficio, lei per studiare e lui per aiutarla nelle materie scientifiche. Ora, lo sguardo interrogativo e disapprovante dei pochi avventori, rari in quello spazio di tempo intorno alle tredici, le impediva di trattenersi quanto avrebbe voluto.

Oppure, ricordava quando, con Antonello, acquistavano qualcosa nella rosticceria vicina e portavano il tutto in ufficio: arancini di riso o panelle e aranciate in lattina. Adesso, al solo pensiero di un "vero" pasto, le si contraeva lo stomaco.

Primi giorni di ottobre, sembra un periodo breve ma può essere lunghissimo. Alle soste, aggiunse un luogo più idoneo allo studio, la Biblioteca Universitaria in Via Cannizzaro che, purtroppo, chiudeva verso le diciotto o anche prima. Pur non essendo una studentessa universitaria nessuno controllò o le fece osservazioni. La bibliotecaria alzava appena lo sguardo dietro gli occhiali all'entrata di qualcuno. E Valentina, volutamente, sia per l'abbigliamento, sia per la pettinatura, sia per l'assenza totale di trucco, riusciva a passare abbastanza inosservata. Specialmente ora che si era spenta dentro, risultava spenta anche fuori. Nonostante certi accorgimenti, quando l'assiduità di un qualche studente in biblioteca coincideva con la sua presenza o c'era un tentativo di dialogo, subito s'insospettiva e si poneva sulla difensiva. Tuttavia, sempre meno frequentemente le capitava che qualcuno tentasse l'approccio. La bellezza dell'asino andava già spegnendosi?

Studiare con regolarità era quasi impossibile, mancava il luogo e mancavano anche la volontà e l'entusiasmo col quale era partita.

Un pomeriggio, tanto per far passare le ore, entrò in un negozio di parrucchiera. Taglio dei capelli, quasi a voler castigarsi. Lunghi, erano stati il suo vanto fin dal tempo di Ravenna. Ad esclusione del taglio spiritoso praticatole da Stella, non aveva mai pensato di tenerli corti.

I capelli corti, invece, la ringiovanirono, ammesso che sia il termine appropriato, dandole un'aria sbarazzina e restituendole freschezza ma, nello stesso tempo, togliendole femminilità. Si pentì di averli tagliati. Inutile e infantile, quel surrogato di penitenza che non alleggeriva i suoi sensi di colpa.

In classe, non riuscì a legare con i compagni e non brillò nelle prime interrogazioni. Non perché poco preparata, quanto perché le parole le si bloccavano in gola per una sorta di panico. Unica gratificazione, il compito scritto d'italiano. Un voto alto, scritto con la matita blu, sul foglio protocollo ripiegato in due. Sguardi critici, ma anche ironici, dei compagni. Come se dubitassero delle sue reali capacità, perché accade che, chi diffida degli altri, trasmetta diffidenza. Era anche per quel suo vestire serioso e poco giovanile, così poco adatto a una studentessa. La vera ragione era la necessità di dover passare per impiegata agli occhi dei familiari. Non immaginavano, i compagni, quanto le sarebbe piaciuto vestirsi in modo più sportivo, più indicato a una liceale, più pratico nel suo camminare per le strade della città. Ma, forse, sarebbe stato un abbigliamento più idoneo a Ravenna piuttosto che a Messina. Unica concessione, una pratica borsa a tracolla, più "sacca" che borsa, piuttosto capiente, adatta a portare con sé i libri scolastici. Inoltre, non doveva giustificarla in casa con i suoi, ormai convinti che, nell'intervallo in ufficio, fosse solita studiare, per presentarsi agli esami di maturità, da esterna. Mai avrebbero immaginato che frequentasse regolarmente la scuola. Doveva stare molto attenta a non tradirsi.

Poi l'idea. Perché mai non ci aveva pensato prima? Menzogna più, menzogna meno... Raccontò in casa che il dottor Sanni, ora che le giornate si stavano accorciando, le aveva proposto l'orario unico dalle otto alle diciassette, soltanto un'ora di sosta, fra le tredici e le quattordici, per il pasto. Un modo per evitarle di tornare a casa col buio. Per qualche ora di straordinario, sarebbe rientrata, per mezza giornata, il sabato mattina. Una scappatoia a giustificare la sua uscita di casa, anche di sabato, così come richiedeva la frequenza a scuola.

Sara commentò: «È davvero una brava persona, quel tuo dottor Sanni, si capisce che è un padre di famiglia. Sei stata fortunata a trovare quell'impiego, cerca di tenertelo stretto».

Fu un sollievo per Valentina. Uscita da scuola, si fermava al bar o in una rosticceria. E, dopo, una camminata e una breve sosta in Chiesa o in Biblioteca. Adesso era molto più facile riempire tre ore o poco più, prima di prendere l'autobus di ritorno. Riprese vigore. Meno affaticata e depressa, le era tornato un po' di colore al viso, mente più libera, maggior entusiasmo.

Verso la metà di ottobre, dal telefono a gettoni della scuola, chiamò lo studio di Alberto Sanni. Rispose una voce femminile. La stessa che aveva già sentito una prima volta, circa un mese prima, quando aveva chiamato per confermare ad Alberto Sanni d'essersi iscritta e di aver intenzione di frequentare la scuola fino alla maturità.

Alla nuova segretaria, Valentina chiese, con una certa titubanza, quando sarebbe potuta passare per firmare i documenti di fine rapporto, così come previsto.

«Devo domandare al dottor Sanni. Richiami domattina, così le faccio sapere».

Molto formale. Forse era logico lo fosse. Non le aveva passato Alberto Sanni così come già era successo alla telefonata precedente. Era stato lui a dare quelle disposizioni?

Le aveva promesso il suo appoggio nella linea da seguire con i genitori ma, adesso, sembrava ignorarlo. Valentina non supponeva che lui si fosse pentito delle troppe concessioni e, perfino, della cifra eccessiva che le aveva elargito. Ma così era.

Sedici e trenta, trovò l'ufficio aperto. Non poté fare a meno di ricordare che, soltanto due mesi prima, era lei ad aprire quella porta con la chiave.

A quello che era stato il suo tavolo di lavoro, la nuova segretaria. La riconobbe subito. Era la ragazza prima in graduatoria, quella che aveva incrociato il giorno del colloquio, dieci in bellezza. Si presentò, ma anche l'altra l'aveva riconosciuta. Senza nemmeno invitarla a sedere, trasse dal cassetto due fogli, un originale e una copia. Le indicò dove firmare. Naturalmente, non era stata scritta la stessa cifra della disastrata occasione precedente, in auto, ma quella ufficiale, molto inferiore.

Valentina chiese di Alberto Sanni, ancora non capiva come mai lui non fosse presente.

«Il dottor Sanni è impegnato fuori sede, oggi».

Laconica e insieme categorica, quasi fosse stata autorizzata a certe iniziative personali, per privilegi acquisiti.

Non era quello che Valentina si sarebbe aspettata. Era andata sicura di rivedere Alberto Sanni, di poter parlargli, dirgli della scuola, perfino chiedergli del figlio. E, infine, capire se gli restava un residuo di stima, quella che le aveva dimostrato fino a due mesi prima.

Firmò. Prese la copia per sé, ringraziò e fece per girare le spalle. Niente da dire a quella ragazza, nemmeno un abbozzo di conversazione. L'altra la fermò come se, solo in quel momento, avesse ricordato di dover consegnarle qualcos'altro.

«Di che cosa si tratta?».

«Davvero io non lo so. Il dottor Sanni mi ha soltanto detto di consegnargliela».

Era una busta di quelle imbottite, rigonfia del suo contenuto. Chissà se davvero la segretaria lo ignorava. Valentina arrivò perfino a chiedersi in quali rapporti quella fosse con il dottor Sanni. Il figlio lontano e lei davvero una bella ragazza che adesso la fissava spavalda, quasi fosse la titolare dello studio. Le tornarono in mente le parole pronunciate dal Sanni, l'ultima volta in auto.

" Se non ci fosse stato di mezzo mio figlio forse anch'io...."

Salutò e uscì. Non aveva idea di cosa potesse contenere quella busta e nemmeno aveva intenzione di aprirla davanti alla curiosità dell'altra.

Entrò in un bar, sedette a un tavolino appartato. Ultimamente le era tornato l'appetito e ordinò una cioccolata in tazza e un cannolo. Aprì la busta. Fotografie. Tante. E i rotolini di pellicola corrispondenti. Foto scattate da Antonello. Non aveva mai quantificato quante potessero essere. Si rese conto che molte erano state fatte di sorpresa e a sua insaputa. Sulla terrazza, per strada, alla spiaggia sotto casa, al Lido di Mortelle in acqua, sul pattino, mentre entrava o usciva dalla cabina. Una perfino di spalle, mentre si riagganciava il reggiseno del due pezzi, fissato male, che le si era sganciato per un movimento brusco. Nessuna foto insieme a Massimiliano che pure era sempre stato con loro. Nessun biglietto di accompagnamento alle foto nella busta. Ma il messaggio silenzioso le arrivò ugualmente, così almeno lo recepì, confermato dall'assenza del Sanni allo studio. L'accusava di ambiguità e d'intimità col figlio che, illuso, era stato portato all'esasperazione. Le foto erano un segno tangibile. Il padre giustificava il figlio e lo assolveva. E... le negava il suo appoggio, nonostante la promessa. Soltanto adesso, Valentina intuì che il suo ex principale si stava defilando, scaricando su di lei ogni responsabilità. La lasciava libera di mentire con i genitori ma assumendosene, soltanto lei, la responsabilità.

Nel caso questi si fossero insospettiti o l'avessero cercata in ufficio, lui non l'avrebbe assecondata. Del resto, perché mai rendersi complice, a proprio rischio, di una minorenne che ingannava la buonafede dei genitori? Scrupoli tardivi o vigliaccheria? Pagò la consumazione, lasciando la tazza piena della cioccolata che andava freddandosi, senza nemmeno averla accostata alle labbra serrate, aride e come incollate fra loro e, sul vassoio, il cannolo appena sbocconcellato.

Ripose la busta nella borsa, riservandosi di distruggerla con tutto il contenuto appena fosse rimasta sola in casa. Improvvisamente, si sentì di nuovo priva di volontà, ricaduta in una condizione sconosciuta e maligna dalla quale non sapeva difendersi. La depressione è una bestia subdola che s'insinua nella mente e corrode l'anima. Preferì incamminarsi a piedi piuttosto che prendere l'autobus. Per non dover trovarsi costretta fra gli altri passeggeri. Camminò a lungo, dal centro di Messina, fino al Viale della Libertà. Almeno tre chilometri.

In quel percorso, di nuovo, incontrò Dafne. Dal finestrino dell'autobus, sul quale si trovava, la donna l'aveva vista. Era scesa alla fermata successiva e ritornata indietro, a piedi, per venirle incontro. Davvero, quella donna aveva la facoltà di apparire ogni qualvolta aveva bisogno di una presenza amica accanto. Un'amica discreta che non le fece domande, semplicemente le si affiancò e camminò con lei. Sotto le scale di casa, la ragazza trovò il coraggio di chiederle:

«Quando posso rivederti? Non posso lasciar fare al caso. Ho davvero bisogno di te».

«Mi farò trovare a una fermata d'autobus, uno di questi pomeriggi... Salirò con te. Oppure... non mi spaventerà un'altra passeggiata a piedi come quella di stasera».

LA LETTERA

La trovò sul tavolo in evidenza, là dove l'aveva messa Massimiliano che l'aveva tolta dalla cassetta della posta. Una lettera proveniente da Ravenna. Sulla busta una scrittura elementare, incerta. Sperò che non fosse quella di Marpio che, quantomeno, aveva frequentato due anni di scuola media inferiore e si supponeva sapesse scrivere con mano più ferma. Dietro, mancava il nome del mittente. Fu quasi tentata di strapparla senza leggerla, poi prevalse il buonsenso e anche il cuore.

Non era di Marpio e sarebbe stato molto meglio. Era di sua madre. Una donna che non era andata oltre la terza elementare, con poca dimestichezza con la scrittura, non si era sottratta a quel tentativo estremo. Più che una lettera era... una supplica. La implorava di aver pietà del figlio che stava soffrendo in modo disumano. Non dormiva, non mangiava, non si lavava. Andava al lavoro in uno stato penoso e, continuando così, rischiava il licenziamento. Tutto perché non sapeva rassegnarsi e s'era convinto di non poter vivere senza Valentina, l'unica ragazza di cui si fosse innamorato.

Gli errori di ortografia rendevano quella lettera ancora più drammatica. Valentina ne fu sconvolta. Pietà per quella madre che si umiliava a tal punto. Si chiuse in bagno, quella specie di bagno, e pianse. Si sentiva colpevole, ma di quale colpa si era macchiata? L'amore non nasce dalla pietà e non si può imporlo. Non amava Marpio, non lo aveva mai veramente amato, attratta da lui soltanto per quella fama di rubacuori che gli avevano attribuito e le tante ragazze che aveva fatto soffrire. Quasi a voler dargli una lezione. Una stupida rivalsa alle proprie carenze affettive che attribuiva all'egocentrismo di ogni essere umano. Marpio adesso era convinto di amarla e di non poter vivere senza di lei, soltanto perché era stata l'unica a respingerlo. Così rifletteva Valentina. E adesso? Cosa rispondere a quella povera donna? No, non le avrebbe risposto. Il silenzio è già una risposta. E poi... non soltanto Marpio stava male, anche lei, Valentina, soffriva. Troppe contrarietà e dispiaceri negli ultimi tempi. La vicenda di Antonello e il disprezzo silenzioso del padre di lui l'avevano messa al tappeto. Adesso, ecco anche la lettera della madre di Marpio a torcerle il cuore.

Da settimane, Valentina, non si nutriva a sufficienza e, fra una menzogna e l'altra, dormiva pochissimo. Le sue giornate ripresero a scandire il tempo, ormai senza convinzione.

S'era perfino appropriata di una ricetta, prescritta dal medico a Sara, quando, prima di trovare lavoro, soffriva d'insonnia e di emicranie.

IL TROPPO È TROPPO

Stava stirando indumenti ammucchiati da giorni. Assenza da scuola, ma non aveva problemi per la giustificazione che scriveva e firmava da sé. Firma falsa fin dal momento dell'iscrizione. Era sicura che, prima delle tredici, né Max né gli altri sarebbero rincasati. Non si sarebbero troppo meravigliati, trovandola a casa. Avrebbe inventato una scusa qualsiasi. Anche un'impiegata può essere, per un giorno, indisposta. No?

Sapendosi sola, era rimasta in sottoveste perché a stirare ci si surriscalda. Sperava che stirare l'aiutasse a rilassarsi, ad allentare la tensione nervosa. Durante la notte insonne, aveva deciso di confessare tutto, quando gli altri fossero stati a casa. Così gravi le sue colpe? Era stanca di mentire come avesse commesso delle infamie e, alla fine, rischiava perfino di confondersi nell'inventare fandonie. Un bugiardo deve avere una buona memoria. Avrebbe raccontato di Antonello, del denaro ricevuto dal dottor Sanni per liquidarla e compensare il suo silenzio, dell'iscrizione al Liceo con l'intenzione di seguitare fino alla maturità. L'importo mensile dello stipendio non sarebbe mancato, quindi nemmeno la quota per le spese di casa, come sempre. Questo soprattutto avrebbe ammorbidito i familiari. Per Valentina, parlare sarebbe stata un vera liberazione. Per quella farsa, le era perfino passata la voglia di studiare.

Paolo, a sorpresa, rincasò dopo due ore che era uscito. Aveva delle commissioni da fare in città. Le spiegò, senza toglierle gli occhi di dosso, che aveva chiesto alcune ore di permesso al lavoro.

«Tu come mai sei rimasta a casa?»

«Ho un po' di febbre, devo aver preso l'influenza».

«E te ne stai in sottoveste?».

Sarcasmo nella voce di Paolo? Passandole accanto le si soffermò alla spalle, lei a disagio nella sottoveste. Le posò le mani sui fianchi e scese ai glutei, palpandoli.

«Fammi sentire se sei ancora soda, visto che sei dimagrita così tanto...».

Una mano gli andò all'orlo del sottabito, nell'intento di tirarlo su. Lei si voltò di scatto, il ferro da stiro rovente alzato e pronto a colpire.

«Non toccarmi...».

«Ma dai... ricorda che non sono il tuo vero padre, non siamo nemmeno parenti. Non rischi l'incesto. E so che a te piacciono gli uomini veri, quelli che non si fanno prendere in giro da una furbetta come te».

Esalazioni mefitiche le sue parole. Lei immobile col ferro da stiro ancora alzato. Paolo si scansò ma seguitò a parlare.

«Vero che non sono il tuo dottor Sanni, ma con l'età ci siamo, più o meno. O no?».

Valentina ammutolita. Paolo farneticava e lei non trovava le risposte.

«Ma dai, a me puoi dirlo, lo so che fra te e il tuo capo c'è quello che in genere c'è fra segretaria e principale. E adesso stai male perché lui ha quell'altra. Per che cosa credi ti abbia cambiato l'orario? Perché, due ore dopo che te ne sei uscita, chiudono l'ufficio e vanno via insieme, in auto: li ho visti. Va bene, li ho spiati. Ero curioso. E ho capito come mai tu, ultimamente ti sei così stranita».

«Tu sei malato di mente...». Nello stesso tempo, considerò che Paolo, spiando i movimenti del Sanni con la segretaria, all'uscita dallo studio, avrebbe anche potuto scoprire che lei, Valentina, in realtà, non vi lavorava più.

Nello stesso tempo, la ragazza si rese conto che la verità, quella che aveva deciso di rivelare, sarebbe sembrata molto più inverosimile delle insinuazioni di Paolo. La scuola, la promessa di complicità di Alberto Sanni... soprattutto tutto quel denaro in contanti. Perché mai una gratifica così generosa? Come giustificarne la ragione? L'episodio con Antonello poteva sembrare costruito ad hoc per crearsi un alibi. Anche riuscendo a provare l'iscrizione e la frequenza a scuola, come rendere plausibile il resto?

L'attenzione di Paolo, insinuante e viscida su di lei, l'aveva notata da tempo, ma mai avrebbe immaginato che potesse andare oltre. Adesso si rendeva conto che, se fossero, in qualche altra occasione, rimasti soli in casa, lui ci avrebbe riprovato, ne era convinta. Era sicuro che non lo avrebbe accusato, più preoccupata di non ferire Massimiliano oltre che Sara. E poi? Le avrebbero creduto, dopo le menzogne precedenti? Sara sempre in competizione con lei, Valentina come una sorella maggiore di sua madre.

«Tranquilla che non racconto a tua madre, della storia col tuo amico. E tu deciditi a prendere un po' di peso, così non sei nemmeno tanto bella».

Si rammaricò di non poter rimandare certi impegni in città e di perdere, quindi, l'occasione di restare solo con lei. Nell'uscire, volle lanciare: «Vedrai che, se mi assaggi, ti ritorna l'appetito».

Valentina aveva fatto spese di abbigliamento, ancora prima di ricevere le fotografie scattate da Antonello e prima di aver letto la lettera della mamma di Marco-Marpio. Un capriccio? Aveva poi nascosto gl'indumenti nuovi nella solita valigia che teneva sotto il letto, praticamente il suo cassetto personale da sempre. Lo stesso che era stato svuotato delle sue cose preziose, a Ravenna, buttandone tutto il contenuto.

Aveva soddisfatto un desiderio per troppo tempo represso perché, negli ultimi giorni, si era sentita fiduciosa che tutto potesse andare per il meglio. Da quando aveva lasciato Ravenna non aveva più indossato i pantaloni. In un negozio di abbigliamento maschile, nel viale San Martino, aveva, quindi, acquistato un paio di jeans, un maglioncino aderente, un impermeabile con cintura da stringere alla vita, scarpe sportive. Sguardo sorpreso e disapprovante del commesso, quando aveva capito che li avrebbe indossati. Per lui, una spregiudicatezza, o un incomprensibile e assurdo intento della ragazza di mortificare la propria femminilità.

Adesso, dopo lo sgradevole episodio con Paolo, Valentina indossò quegli indumenti per affrettarsi a uscire di casa, prima che lui fosse rientrato. Così vestita sembrava un ragazzo. Borsa a tracolla, svuotata dai libri e quaderni scolastici. Vi mise una bottiglia d'acqua, alcuni attrezzi tolti dalla cassetta degli utensili di Paolo, la scacciacani regalatole da Antonello. L'aveva conservata quasi fosse stato un cimelio o souvenir in memoria di un recente passato. In una tasca laterale interna della borsa, aggiunse del denaro e la ricetta sottratta a Sara. Unica difficoltà, adesso, era trascorrere le ore che mancavano all'incontro con Dafne, nel primo pomeriggio, alla seconda fermata del numero 8, sul lungomare. Pochi giorni prima, si erano lasciate con quella parvenza d'appuntamento, piuttosto approssimativo e incerto. A Dafne non si poteva chiedere di più, bisognava accettarla così com'era: imprevista e imprevedibile. Del resto, per Valentina, camminare ore senza una meta, era l'ultima delle preoccupazioni. Ormai era più che allenata. Inoltre, avendo preso una decisione definitiva, si sentiva in pace con se stessa, finalmente placata.

CON DAFNE A MORTELLE

Novembre. L'autunno è la stagione più suggestiva dell'anno: pennellate d'oro e ruggine sulle foglie. Contrasti e contraddizioni. Il calore del sole accarezza la pelle e il vento la raggela. Odore di salmastro e sferzate gelide sul viso e fra i capelli. Valentina rabbrividì nell'impermeabile che si rivelava insufficiente. Dafne tentò ancora una volta di dissuaderla dal proposito di trattenersi oltre a Mortelle. Nel frattempo stava arrivando sera.

«*Si sta facendo buio, ti conviene prendere l'ultimo autobus che ritorna in città. La spiaggia e il mare li ritrovi qui anche domani*».

«Lo sai che non voglio tornare. E che non ho amiche, oltre te. Tu sei una vagabonda che si fa ospitare da questo o quel conoscente, non hai una casa tua, sei una che vive a "scrocco", ormai l'ho capito. E questo m'affascina. Ti sei affezionata a me e perciò mi ritengo fortunata, ma ora puoi dimostrarmi la tua amicizia soltanto nel modo che sai. Intanto, aiutandomi a cercare un riparo. Oppure, preferisci lasciarmi qui da sola?».

«*Sai bene che non posso tornare senza di te*».

Era cosciente di non essere libera di prendere iniziative diverse e, d'altra parte, se lo fosse stata, libera, Valentina non sarebbe tornata indietro dalle decisioni già prese.

S'incamminarono verso il Lido, dirette allo stabilimento balneare distante appena un tratto a piedi. Data la stagione, la minaccia del maestrale e quindi della mareggiata, lo stabilimento era stato transennato per proteggerlo da eventuali danni maggiori di quelli che ugualmente avrebbe avuto. Insieme, le due donne, forzarono la protezione, con scalpello e cacciavite che Valentina aveva portato con sé, rimuovendo un pannello di legno. Entrarono all'interno. Le cabine vicino al mare, erano esposte alle intemperie più di quanto non lo fosse la strada appena percorsa. Anch'esse protette da pannelli di legno inchiodati.

Pazientemente, schiodarono le assi che fissavano la porta. Lo fecero insieme, senza rivolgersi la parola. Dafne, complice silenziosa.

Entrate in cabina, la ragazza si rannicchiò sulle tavole dell'impiantito. Era scossa da brividi. La donna le circondò le spalle con un braccio, cercando di tenerla contro di sé, nel tentativo di proteggerla dal freddo che, in novembre, non sarebbe stato tale se non ci fosse stato quel forte e gelido vento di maestrale.

«*Insisto* – disse Dafne – *è una vera follia. Qualunque cosa ti sia successa, meglio affrontarla piuttosto che passare la notte qui*».

«Sono successe tante cose... Troppe, in quest'ultimi mesi. Marpio, Mauro, Antonello... Troppi fatti, troppa sofferenza. E poi... Paolo, quello che si finge mio padre, che mi guarda come non si guarda una figlia... stamattina, mi ha messo le mani addosso. Che schifo. E poi... le sue parole. La sua minaccia...».

Valentina tremava per il freddo e per il disgusto.

«L'istinto di ucciderlo è stato così forte da farmi paura. Paura di me stessa, più che di lui».

Sussultò al ricordo delle mani di Paolo sul suo corpo... del suo alito caldo sulla nuca, quando l'aveva afferrata ai fianchi e poi era sceso a palparla e... una mano a sollevarle un lembo della sottoveste.

«Tornassi a casa... potrei anche usarlo, quel ferro da stiro, o il primo arnese che mi capita. Potrei... perfino di notte mentre dorme. Sai... ho davvero immaginato di poterlo fare. Anzi... già una prima volta, per certi suoi sguardi, se si fosse azzardato a cercare di più, avevo pensato di usare quella stupida scacciacani, quella che mi aveva procurato Antonello. Per spaventarlo». Fece una pausa e riprese: «Ho addosso una specie di maledizione. La bellezza dell'asino, quella che diceva mia nonna e poi mia madre, che mi faceva sorridere, che sia una specie di batterio? Gli uomini che incontro, tutti, s'infettano. Faccio soffrire, faccio del male». Parole esaltate e voce sommessa, ormai rassegnata.

«Sei ingiusta con te stessa. A Mauro vuoi bene e lui ti ama profondamente. Di lui puoi fidarti. Aspetta soltanto un tuo cenno... Potresti raggiungerlo a Bologna. Sono sicura che ti aiuterebbe a trovare un alloggio e un lavoro. Al Nord è più facile trovare un lavoro».

«Dimentichi che sono minorenne... Mi denuncerebbero e mi farebbero tornare a casa. E sarebbe ingiusto verso Mauro. Potrei rovinargli la carriera militare... gli farei più male di quanto già non gli abbia fatto. E poi, Mauro per me è come un fratello».

«E che cosa mi dici di quella volta, qui, al Lido di Mortelle. Non lo considerasti un fratello Non ti saresti tirata indietro se foste rimasti soli...».

Sì, c'era stato un episodio, la prima volta che era andata con Mauro, Massimiliano e Antonello al Lido di Mortelle, ai primi dell'estate da poco trascorsa. Valentina era entrata in cabina per cambiarsi il costume bagnato. La porta non era chiusa a chiave e Mauro era entrato dietro di lei.

Un contatto di corpi bagnati e di pelle arsa dal sole. Non era stato un abbraccio fraterno. Ferormoni e fisicità. L'impulso parte dalla mente, così si crede ma, in realtà, la fisicità predomina e la volontà, che è mentale, cede all'istinto. Per Valentina, una risposta carnale intensa al contatto dell'altro corpo, saldo e caldo, fremente di desiderio. Un'ondata infuocata e un senso d'abbandono l'avevano resa debole. Altre volte le era capitato, nonostante la sua mente fosse contraria e il cuore non partecipasse. Per esempio, con Marpio. Colpa del sole in estate? Può provocare uno sbandamento momentaneo?

Max, provvidenziale ma anche inopportuno, incitato da Antonello, aveva bussato furiosamente alla cabina. Ritorno repentino alla ragione. La porta, che Mauro aveva chiusa dietro di sé in precedenza, era stata riaperta e Mauro, avvampato in viso, si era precipitato verso la battigia per tuffarsi di nuovo in mare.

«Anche lui, come gli altri...».
«*Si parte sempre dall'attrazione e desiderio fisico, nell'innamoramento. Non si può escluderlo a comando. Nemmeno tu puoi. Ricordi Mino? Le prime volte ti colpì perché è alto, bello e somigliante a Gregory Peck, ricordi? E, perfino oggi, soltanto pensarlo ti sconvolge*».

"Mino...". Qui Valentina ebbe un'esitazione, come fosse stata colpita a tradimento. Smarrimento e confusione e... il desiderio di Mino mai soddisfatto, al semplice suono di quel nome. Sì, se allora fosse stato possibile, se non fosse stato l'ex di Daniela, con lui lo avrebbe fatto. Senza alcuna reticenza.

«*Tu eri... sei innamorata di Mino. L'unica volta che ti sei innamorata... anche se non vuoi ammetterlo. Potresti cercarlo, riallacciare il contatto... Hai il suo indirizzo... scrivigli una lettera*».

«Non voglio parlare di Mino».

Quel nome aveva avuto il potere di distoglierla, sia pure per pochi attimi, dai propositi sconsiderati. Le aveva perfino risvegliato quello strano fremito misterioso e involontario che l'aveva resa fragile a ogni incontro con lui. Dafne, riconoscendola vulnerabile su quel tema, volle insistere.

«*Ti ricordi quella volta che con la tua amica Stella, la parrucchiera, nel tornare a casa, allungaste il percorso per il cavalcavia?*».

INCONTRO SUL CAVALCAVIA

Primavera. Una giornata di sole. Sorprendente in quella fredda città romagnola, dove l'inverno si prolunga oltre maggio e, all'improvviso, l'estate la infuoca.

«Dai, passiamo dal cavalcavia, così prendiamo un po' di sole. Siamo bianche come il latte» incitò Stella.

Per raggiungere il cavalcavia, quello che porta alla tomba di Teodorico, bisognava percorrere la Via di Roma, passando davanti all'abitazione di Mino. Era un giorno feriale e lui certo era a Bologna, all'Università. Soltanto camminare davanti la casa di lui le trasmise una certa apprensione: non lo aveva più incontrato da mesi. Anche perché non ci s'incontra se lo si vuole evitare.

E invece. S'incrociarono proprio sulla circonvallazione. Lui con un amico. Lei con Stella. Fu impensabile ignorarsi. Presentazioni degli amici. Poi, guarda caso, quelli si distanziarono di qualche metro.

Per Valentina, vampata di rossore e poi pallore e il cuore in tumulto, come già le era accaduto nel passato ogni volta che s'era trovata in sua presenza.

«Come stai? Ma lo sai che sei cresciuta?».

«Sto bene. E sì, sono qualche centimetro più alta. Dicono che si cresca fino a diciotto anni. Come mai oggi non sei andato all'Università?».

«Gli esami li ho finiti, sto lavorando alla tesi, fra non molto mi laureo. E tu, sempre con quella specie di fidanzato?».

«Io... hai ragione non è un granché come fidanzato ma...».

«Ma sì, lo capisco. Per te è... un mastino che ti fa la guardia. Hai sempre avuto una gran paura di innamorarti... paura di me. E allora ti fa comodo uno di cui non sei innamorata. Così non corri il rischio di soffrire. Di questo hai avuto paura con me. Di soffrire. Che peccato! Ormai è tardi. Mi piacevi proprio tanto e... mi piaci ancora, solo che io adesso ho altro per la testa e le cose forzate non fanno per me».

Le tese la mano per salutarla, con distacco perfetto, da estraneo ben educato. Oppure aveva inteso provocarla e ferirla. Gelida e tremante la mano di Valentina, calda e forte, sicura, quella di lui. Una stretta che durò qualche secondo più del dovuto.

Poco dopo, Stella, che proprio tanto svampita, come in genere poteva sembrare, non era, domandò: «È un tuo ex? Si vede bene che sei ancora cotta di lui. E forse anche lui...».

«Non sono innamorata di lui, non è un mio ex. Era il fidanzato di una mia cara amica e vederlo all'improvviso mi ha turbata, ma non per quello che pensi tu».

Stella ebbe una smorfia poco convinta e si limitò a commentare: «È davvero un bel "tocco" di ragazzo. Peccato. Vi avrei visti bene insieme. Invece, Marpio con te, lo vedo come il sale nel caffè». E scoppiò a ridere per la rima involontaria.

«*Avresti potuto, quel giorno... prendere tu l'iniziativa... insomma provarci...*».

Dafne fu implacabile ma non riuscì a fermare l'attenzione di Valentina, come invece altre volte, in passato, le era riuscito. Anzi, forse proprio il ricordo di Mino, un amore mai vissuto appieno, fu un incitamento maggiore alla decisione già presa.

ULTIMO INCONTRO CON DAFNE

«*Se intendi punire qualcuno, nell'illusione di un perenne rimorso, sbagli. Ti dimenticheranno prima di quanto tu immagini*». La caparbietà di Dafne... così inefficace.

«In questo momento, penso soltanto a me stessa».

La voce appena sussurrata ma nello stesso tempo ferma e decisa di Valentina, non scoraggiò Dafne che volle ancora insistere.

«*Se tenessi davvero a te stessa, troveresti il modo di migliorare il tuo futuro. Sei così giovane... e intelligente. Hai capacità e costanza... e le opportunità non ti mancheranno. E... hai anche i mezzi per farlo. Ci tenevi così tanto a prendere la maturità...*».

Dafne, come Valentina, sospettava che, dietro la prima generosità di Alberto Sanni, ci fosse stato qualche secondo fine, oltre allo scopo di comprare il suo silenzio sull'episodio increscioso del figlio. Forse aveva davvero pensato di riassumerla, dopo la maturità, ma con quali reconditi progetti?

Valentina, ormai assente, senza veri pensieri. Non così intelligente, tutto considerato, come Dafne l'aveva giudicata nel passato. La ragazza frugò nella borsa. Ne trasse la bottiglia con l'acqua. Giusto mezzo litro. Due flaconcini di compresse, barbiturici acquistati in due diverse farmacie con la ricetta di Sara.

«*Non farlo, non arrenderti così*» intervenne, ancora una volta Dafne, ponendo la mano sulla sua.

Ma Valentina già aveva cominciato a deglutire e non si fermò fino alla ventesima pasticca. L'acqua fu appena sufficiente. La sua mente andava a Federico che aveva chiesto un boccale con acqua zucchero e limone. Adesso gli trovava attenuanti. Chissà quali le sue ragioni nascoste, mai rivelate, o non riconosciute da chi gli stava intorno.

«Ho molto freddo» mormorò Valentina. E poi: «Posso avvicinarmi di più e appoggiarmi alla tua spalla?».

Dafne l'avvolse fra le braccia e Valentina le si raggomitolò contro, mentre quella le carezzava il viso, tenendola stretta a sé. Amorevole, accogliente, pietosa e, nello stesso tempo, contrariata con se stessa.

La ritrovarono due giorni dopo, quasi per caso. Il proprietario dello stabilimento era venuto a controllare i danni della mareggiata. Aveva notato le transenne smosse e che la porta di una cabina era stata forzata. In un primo momento, aveva pensato trattarsi di un ragazzo, per via dei jeans. Valentina sembrava addormentata, il corpo disposto in un atteggiamento strano, quasi disarticolato. La testa reclinata da una parte, come avesse avuto un appoggio che non c'era. Accanto, una bottiglia vuota. Altrettanto vuoti due flaconcini a terra. Una ragazza così giovane... Nessuna traccia di Dafne, l'amica fidata, così spesso evocata. Reale soltanto per Valentina? Immaginata o immaginaria?

Nessuno avrebbe sospettato di lei fisicamente presente, né della caparbietà di Valentina nel voler trattenerla con sé. Con ostinazione, nonostante la reticenza dell'altra. Eterea, invisibile ai più, eppure presenza costante per Valentina. Consolatoria e rassicurante. Molti la sfuggono, la temono. Per Valentina, un'ossessionante tentazione, rimedio estremo all'infelicità. Il leit motiv della sua vita. Una mente turbata, o disturbata dagli eventi, non sa distinguere né ha la capacità di discernimento. Può essere una colpa?

Dafne avrebbe voluto distoglierla dai malsani progetti, avrebbe tanto voluto spiegarle che la vita è il dono più prezioso concesso a ogni essere vivente. E non si può buttarlo via. Non fosse altro che per quei pochi attimi di felicità che sa offrirci. Avrebbe voluto farle capire quanto sia fondamentale la speranza che deve accompagnare i nostri giorni anche nei momenti di disperazione. Ma... come riuscire persuasiva, nell'incoraggiamento alla vita, proprio lei che vita non era?

Mai Dafne – altri nomi, davvero tanti, le erano stati attribuiti – avrebbe voluto Valentina con sé. Fino all'ultimo, aveva cercato di dissuaderla. Mai, nei millenni, s'era lasciata coinvolgere così tanto, nonostante fosse consapevole che non sarebbe stato suo compito, né in suo potere, cambiare il corso degli eventi.

Indice

Prefazione — 3

PRIMA PARTE — 5

Un'amica fidata — 7
Maldicenze... e qualche verità — 11
Un fastidio inevitabile — 15
La pretesa di Sara — 17
Il figlio legittimo — 19
Le visite di Ornella — 22
La mano di Giovanni — 27
Il confronto — 31
Il gelato della sera — 34
Al mare con Ornella — 38
Al circo — 43
Il segreto di Loretta — 50
Le inquiline della scala A — 52
La filodrammatica — 56
Acqua zucchero e limone — 59
La coppia perfetta — 63
Spasimanti in attesa — 65
Nuove amiche — 69
Primo incontro con Giacomo — 73
Un tè a casa di Ornella — 82
Autostop — 86
Festival e coccarda — 91
Sabato sera — 95

Dafne sotto casa di Loretta	102
Lungo l'argine del Senio	105
A Bologna con Sara	111
Fidanzamento	122
A volte ritornano	127
Incontro inaspettato	131
Una parentesi	135
Una pessima sorpresa	139
SECONDA PARTE	145
Sul treno	147
Messina	153
L'iniziativa di Mauro	164
Quando il caso si mette di mezzo	169
Non c'è due senza tre	177
Conseguenze	182
Domani è un altro giorno	188
Un'occasione perduta	195
Settembre	200
Ottobre in terza liceo	208
La lettera	214
Il troppo è troppo	216
Con Dafne a Mortelle	220
Incontro sul cavalcavia	224
Ultimo incontro con Dafne	226

www.ingramcontent.com/pod-product-compliance
Lightning Source LLC
Chambersburg PA
CBHW051752040426
42446CB00007B/326